生活クラブ千葉グループの挑戦

挑戦

生協がなぜここまでやるのか

生活クラブ千葉グループ協議会 編集

小澤祥司 著

中央法規

はじめに

　生活クラブが東京、世田谷に産声を上げたのは 1965 年。東京オリンピックの翌年です。生協法人にしたのが 1968 年。この年、日本の国民総生産（GNP）がアメリカに次ぐ世界第 2 位になっています。生活クラブの草創期は、その日本のみならず先進国中が高度経済成長真っただ中の時期でした。

　そんななか、1972 年に世界的な調査・提言機関ローマクラブが、現在のような人口増加と経済成長が続いた場合、人口、食糧生産、資源、環境などの問題を総合的に検討すると、100 年以内に地球の成長は限界に達するという衝撃的な報告書を公表しました。

　先進国は翌年に第 1 次オイルショック、1979 年に第 2 次オイルショックに見舞われましたが、各国はそれらを乗り越えて成長を続け、1980 年代からイギリスのサッチャーリズム、アメリカのレーガノミクスを嚆矢として、現在に至るまで世界の経済は新自由主義一色に染まっています。

　そして、ローマクラブの「予言」は現実のものとなり、貧困、格差が拡大し、温暖化による気候変動が人類の生存環境を脅かしています。

　2015 年に国連で採択された持続可能な開発目標（SDGs）は、世界がその危機感を共有せざるをえない状況にあることを物語っています。

　生活クラブ千葉は、1976 年に設立以来、こうした時代の変化のなかで生協本体の活動を拡大しつつ、多様な資源を創出してきました。そして、それら 9 つの組織が「生活クラブ千葉グループ」を結成し、連携して地域貢献をおこなってきました。

今、私たちは、自らを「社会的連帯経済」をになうものと位置づけ、志を同じくする方々とともに、世界の危機に地域から対抗していこうと気持ちを新たにしています。

　この本は、そうした生活クラブ千葉グループの現在地を明らかにし、これからの道筋をともに考えるよすがにしようと考えて企画したものです。一人でも多くの方の目に触れ、ご意見、ご批判をいただければ望外の喜びです。

2021 年 7 月
　　　　　生活クラブ千葉グループ協議会共同代表　　池田徹

第 1 部

生活協同組合という
社会インフラ

1 | 生活クラブ千葉グループ 協議会とは

誰もがその人らしく暮らしていける地域づくり

「生活クラブ千葉グループ協議会」（千葉グループ）は、千葉県内で活動する9団体で構成される。その名のとおり、いずれも生活クラブ生活協同組合（生活クラブ）千葉（2011年以降「虹の街」）に関連して生まれてきた団体だ。それぞれは独立した法人だが、互いに役員を出し合い、年4回の運営委員会を開催、共通の活動方針を決め、予算をもち、共同で事業もおこなう。「2020年度方針」には、以下のような項目が並んでいる。

1 生活クラブ安心システムを推進するとともに街の縁側づくりをすすめます
2 誰もがその人らしく参加できるユニバーサルな社会づくりをすすめます
3 生活困窮者支援に取り組みます
4 子どもの育ちを社会で見守り応援する取り組みをすすめます
5 社会的連帯経済の枠組みの一員として千葉県内に活動を広げていきます
6 災害復興支援の活動に取り組みます
7 再生可能エネルギー社会を推進します

8 地域の団体と交流を深めます

「9団体で協議会を設置して、それで毎年活動方針と計画を決め、それに基づいて9団体で一緒にいろいろなことをやっている。ほかの生活クラブの単協（単位協同組合）よりも、グループとしての絆はかなり強いんじゃないかと思います」

　千葉グループの共同代表で、生活クラブ千葉設立時の専務理事であり、同理事長を経て現在は社会福祉法人生活クラブ（風の村）理事長を務める池田徹はいう。

　千葉グループとは、どういう組織なのか。何をめざして、どのような活動をしているのか。それが本書のテーマである。その根本には、組合員である女性たちを中心に発展してきた生活クラブの存在がある。1976年に生活クラブ千葉が千葉県流山市に誕生。千葉グループを構成する各団体はその後、生活クラブ千葉の発展とともに、組合員たちによって順次つくりだされてきた組織であり運動体なのだ。

　生活協同組合といえば、食材や日用品を共同購入するための組合組織。全国に1000ともいわれる数がある。しかし、ほかの生活協同組合と生活クラブ千葉は少しちがう。いやだいぶちがう。なにしろ、自分たちの口にする食材の開発や改良に、組合員自らが主体的に携わってきたのだ。

　本物の食材、安全・安心な食材を求めて、「必要なものは自分たちでつくる」というのが、生活クラブ千葉の組合員たちが一貫して取り組んできたことだ。さらにその過程で組合員たちは、自分と家族が口にする食材が安全・安心ならばそれでよしとするのではなく、社会が抱えるさまざまな課題や矛盾に対して、目を開かせていった。食材に限らず、さまざまな制度に対しても、モデルをつくり、提案し、それらをかたちにしてきたのである。

『生活クラブ40周年記念誌　40年のものがたり』で、当時生活クラブ千葉（虹の街）理事長だった木村庸子（現・風の村副理事長）は次のように述べている。

「生活クラブを民主主義の学校といいますが、活動を通してたくさんの人に出会い学びあい提案・議論し合意を重ね、仲間と共同し実践していくうちに多様な力を身につけて地域の課題解決の主体となっていく」生協だと（傍点筆者）。

こうした運動までを組合員が共同して実践する生活協同組合が、ほかにないではないが、きわめてまれだといっていいだろう。

「誰もがその人らしく暮らしていける地域づくり」は、千葉グループが共通して掲げる、いわば基本理念だ。これは国連が掲げる「持続可能な開発目標（SDGs）」の理念「誰一人取り残さない」にも通じる。

しかし、地域社会とそこで暮らす人たちが抱える課題やニーズは、地域によって、あるいはひとりひとりちがうといっていいほど複雑で多様である。そのために、グループの各団体が連帯して目配りをし、グループの力で対応しようというのである。

そんな一例を、2019年秋に千葉県を襲った台風災害時の対応にみてみよう。

表　生活クラブ千葉グループ協議会（設立順）

生活クラブ生活協同組合千葉（虹の街）
NPO法人ワーカーズコレクティブ千葉県連合会
NPO法人地球市民交流基金 EARTHIAN
NPO法人せっけんの街（前身の「手賀沼せっけん共有者の会」は1984年設立）
社会福祉法人生活クラブ（風の村）
認定NPO法人コミュニティケア街ねっと
認定NPO法人ちば市民活動・市民事業サポートクラブ
NPO法人ユニバーサル就労ネットワークちば
NPO法人はぐくみの杜を支える会

台風災害のなかで

　2019年9月9日、台風15号「ファクサイ」は、午前3時ごろ三浦半島を通過したあと東京湾を北上、午前5時前に千葉市付近に上陸し、鹿島灘北部に抜けた。関東に上陸した台風としては過去最強クラス、千葉県の大部分は台風の東側に入ったため、強い風と雨に見舞われた。最大瞬間風速は、千葉市中央区で毎秒57.5メートル。そのほかの地域でも40〜50メートルの風が吹いた。消防庁のまとめでは、県内の死者8名、重軽傷者91名、家屋の全壊は426戸、半壊または一部破損は8万戸以上におよんだ。神奈川県や茨城県でも被害が出たが、千葉県の被害は突出していた。

　家屋や建物への直接的な被害だけではない。強風によって送電塔や電柱が倒壊したり、倒木が電線を切断したりしたことから県内は広範囲にわたって停電し、道路もふさがれたため復旧まで長い時間がかかった。

　10月12日から13日にかけては、台風19号「ハギビス」が、15号と同じようなコースで東日本を通過した。15号よりは西寄りのコースを取ったが、まだ15号による被害から立ち直っていない状況のなかで風雨が吹き付けた。市原市では竜巻も起こった。

　2つの台風で、千葉グループの施設に直接的な被害はほとんどなかったが、停電と断水がつづいたことで、業務に深刻な影響が出たところがあった。風の村の拠点の1つで、特別養護老人ホーム（特養）や訪問介護、デイサービスなどを運営する風の村八街周辺地域では、15号の影響で大規模な停電が起き、復旧まで長い期間を要した。とくに高齢者をあずかる特養では、その対応に追われた。

　「まだ暑い時期だったのに、停電しているあいだはエアコン

も扇風機も使えなかった。幸い大事には至らなかったんですが、入居者のなかには体調を崩して救急搬送された方も出ました」

当時を振り返るのは、風の村八街施設長（当時）の村井香織だ。

風の村八街では井戸水を使っているためポンプが使えず水が出なかったうえ、厨房もほぼ電化されているので調理ができない、エレベーターもナースコールも使えない、といった状況。当然のことだが、職員も被災している。あちこちで倒木や電柱・電線が道路をふさぎ、通勤にも支障が出た。村井自身もふだんは通勤時間30分のところ、1時間はかかったという。これでは夜間に駆けつけることができないと、看護師は泊まり込むことを決めた。虹の街は、生活クラブ連合会（正式には生活クラブ事業連合生活協同組合連合会）から提供された発電機2台を風の村八街に届けた。

5日目に電力会社から大型の電源車が届いてようやく電気は回復したが、使わなかったあいだに井戸水に雑菌がわいてしまい、しばらく飲用として使えなくなった。

「食事は基本的に、缶詰や非常食を工夫して出しました。幸い佐倉や千葉、成田の拠点は被害がなかったので、そちらから食料や飲みものを運んでもらいましたが、虹の街が呼びかけてくれて、組合員や生産者の方からも届きました」と村井。厨房が通常どおりになるまで、1か月ほどかかったという。

少し状況が落ち着くと、受け入れを休止していたデイサービスなどの担当職員が、おにぎりや飲みものをもって近隣家庭の見回りをはじめ、困っていることを聞き出して対応した。地域の電気が復旧するまでは10日以上かかったため、電源車が届いてからは入浴も提供した。

「井戸水は飲料水としては使えませんでしたが、浴用には問題がなかったのでお風呂をどうぞ、と声を掛けて回りました」（村井）

　風の村八街は、「生活クラブ安心システム」の拠点の1つになっている。詳しくは後述するが、風の村の施設を拠点にして、千葉グループが連携して取り組んでいる、地域住民の支援と参加のためのシステムなのだ。

　「ふだんから地域支援のしくみができていて、毎月8のつく日に買物バスを出したり、サロンをやったり、（隣接する）保育園に子育て中のお母さんたちに集まってもらったり、男性の介護者の集いをやったりしています」。村井がそう説明する。そうした日常的な取り組みが見事に機能したといえる。

　「災害が起きたときに自分たちがどう対応するかというだけでなく、拠点として地域に貢献できたことが、この台風で大きな学びになった」と理事長の池田は語る。

　風の村が運営する児童養護施設「はぐくみの杜君津」（君津市）では、施設に大きな被害はなく、電気も9月12日には復旧したが、断水が17日までつづいたため、やはり食事をつくることができなくなった。併設する乳児院「赤ちゃんの家」では、エアコンが使えないあいだ数名の乳児を関連施設に避難させた。

　台風翌日の10日、虹の街は店舗「デポー真砂」から、レトルトカレーやインスタント麺、スープや菓子などを届けた。さらに弁当を昼・夜それぞれ60食分、電気と水道が復旧するまで配達しつづけた。

　千葉グループの一員、認定NPO法人ちば市民活動・市民事業サポートクラブ（NPOクラブ）では、千葉県の社会福祉協議会が9月12日に県災害ボランティアセンターを立ち上げたのにともない、連携して活動をはじめた。被災直後から支援ボランティアが現地に入りはじめていたため、活動に必要な物資——ブルーシート、土のう袋、倒木を片付けるためのノコギリやナタ、チェーンソーなど——を、現地に届けるのを支援した。

活用したのはインターネットだ。

「被災から数日後に、『スマートサプライ』というシステムに、『ちば台風15号支援プロジェクト』を立ち上げ、各市町村の災害ボランティアセンターからニーズをまとめて、全国のアマゾン会員から市町村の災害ボランティアセンターに直接寄付していただきました」（NPOクラブ理事長の牧野昌子）

スマートサプライとは、一般社団法人スマートサプライビジョンが運営するネットを通じた災害支援のしくみで、必要な物資の情報をサイトに上げると、それを見た人がネット通販大手アマゾンに注文、必要とする現地に物資が届く。NPOクラブ事務局が各災害ボランティアセンターに毎日問い合わせをして、サイトに情報を上げ、最終的に3178点の物資を提供できたという。さらに、11月には「千葉南部災害支援センター」を他団体と共同で立ち上げた。

千葉県南部地域は小規模な自治体も多く、復興には予想以上に時間がかかり、台風被害から1年以上たっても、壊れた屋根をブルーシートでおおったままの家も少なくなかった。NPOクラブでは、ボランティアにブルーシートの張り方を講習したり、現地に入ってその後の状況とニーズをヒアリングする活動もすすめている。

2020年春からの新型コロナウイルス感染症の拡大にあたっても、千葉グループは地域に対してさまざまな支援活動を展開してきた。生活クラブ千葉（虹の街）では、提携する山形産の米を関連団体を通じて生活困窮者に届けたほか、風の村と虹の街が連携して、県内にある大学の学生に食料支援をおこなった。アルバイト先の休業で収入が減り、食事にも事欠く学生がいると知ったからだ。千葉グループでは生活困窮者への家計相談にも対応、千葉グループには属していないが設立時から関係が深い助成団体の「公益財団法人ちばのWA地域づくり基金」は、

コロナ禍で困難を抱える子どもたちを支援する活動向けに基金を新設している。

　予測できない災害や感染症のまん延に際して、このような迅速な対応ができるのも、積み重ねてきた経験とノウハウ、そしてネットワークがあるからなのだ。

千葉グループの原点

　生活クラブの単協として、生活クラブ千葉は東京、神奈川、埼玉に次いで4番目に設立された。

　設立総会は、1976年6月10日に柏市民文化会館で開催された。もともと千葉県流山市で生協を立ち上げようとしていた同市議会議員（のちに千葉県議会議員）・北角虎男の「流山市生協準備会」を、生活クラブが引き継いだのである。北角はさまざまな生活協同組合を調査し、生活クラブの理念が自分の考え方に近いと声を掛けたのだ。

　このとき専務理事として東京から流山市に送り込まれたのは、現在風の村理事長を務める池田徹である。

　職員は池田を含めてわずか3名。事務所は北角の自宅の一室で、机が一台あるだけ。職員は配送も注文票や発注も、伝票の整理もこなさなければならない。このころ、職員とともに組合員の勧誘に汗を流したのは、すでに加入していた組合員たちだった。チラシを手に一軒一軒、消費材のおいしさ、品質の確かさを伝えながら加入を勧めていったという。

　その後、組合員数は2年後の1978年に2178人、1980年に5522人と順調にふえ、1989年には2万人に達した。2020年には4万3000人を数え、組合員数で東京、神奈川に次いで3番目の位置にある。県内は、柏、松戸、ベイ、千葉、佐倉、市原の6ブロックに分かれ、ブロックごとに配送センターが置かれ、

ほかに9店のデポー（店舗型生協）を開設している。なお、2011年に呼称を「生活クラブ虹の街」と定めている。

　生活クラブ千葉として、活動が大きく広がっていったきっかけは合成洗剤への取り組みだ。

　千葉県北部には、手賀沼と印旛沼という湖沼がある。もともとこのあたりは下総台地が浸食されてできた沼沢地だった。2つの沼は、そのなかで大きな面積を占めていたのだ。江戸時代以来干拓がすすんで、ずいぶん小さくはなったが、現在でもまとまった水面が残り、淡水魚など水生生物が豊富で、古くから漁業も盛ん。水鳥も羽を休める。周辺市民の憩いの場であり、農業用水や飲料水の供給源でもある。

　東京から近いこの地域は、高度成長期にベッドタウンや工業地帯として急速に発展した。その結果、家庭や事業所からの排水が大量に2つの沼に流れ込むようになり、かつては透き通っていて底がみえたといわれる沼の水質が急速に悪化した。洗剤の泡が風に飛び散り、夏にアオコと呼ばれる微細藻類が大量発生すると、水は絵の具を濃く溶かしたように青くにごって悪臭

我孫子市側からみた現在の手賀沼。大正時代には民芸運動の創始者柳宗悦や志賀直哉ら白樺派の文人たちがほとりに居を構えた

を放った。1974年に、手賀沼はCOD（化学的酸素要求量）を指標とする水質が全国の湖沼でワースト1、つまり「日本一汚れた湖沼」として全国に知られることになってしまう。印旛沼もワースト5の1つだった（「公益財団法人印旛沼環境基金」による）。

　そのおもな原因として、洗濯や台所の洗い物に使われる合成洗剤が指摘された。原料は石油化学系の界面活性剤である。合成洗剤は微生物によって分解されにくく、また含まれるリン分が藻類の栄養となって繁殖を促す。さらに、肌荒れや赤ちゃんのおむつかぶれの原因ともいわれた。下水道が普及していなかったころ、家庭雑排水は排水溝を通じて地域の河川に流れ込んでいた。使用済みの廃食油を排水口に流してしまう家庭もあった。手賀沼や印旛沼はその先にあった。

　合成洗剤に対してせっけんは分解が早く、藻類の栄養になるリンも含まない。動植物の油（脂）と苛性ソーダ（水酸化ナトリウム）や苛性カリ（水酸化カリウム）を熱を加えながら反応させると、せっけんができる。ふつうは牛脂やヤシ油、米ぬか油などが原料として使われるが、もう1つの汚染源である廃食油も原料になる。

　このころ水質汚染は、全国の河川や湖沼で起こっていた。早くからその対策に取り組んだのは、日本最大の湖・琵琶湖をもつ滋賀県の住民たちだ。1977年5月、やはり藻類が異常にふえることによって起こる「淡水赤潮」が琵琶湖で発生したことをきっかけに、県内の主婦たちが立ち上がり、リンを含む合成洗剤をやめて粉せっけんを洗濯に使おうと呼びかける「せっけん運動」を展開した。運動は行政や議会を巻き込んでひろがり、1979年10月に「滋賀県琵琶湖の富栄養化の防止に関する条例（琵琶湖条例）」が制定されるに至った（施行は翌1980年7月）。この条例には、工場排水に含まれる窒素、リンに基準を設けること、農地における肥料の適正使用などとともに、リンを含む家

庭用合成洗剤の使用・販売の禁止が盛り込まれた。合成洗剤メーカー・業界からは、大きな反対と反発があったが、住民の声がそれに勝ったのだ。

　この条例制定は、全国で大きなうねりとなったせっけん運動の大きな成果の1つであり、画期でもあった。そのうねりは当然ながら関東にも波及していた。運動を担ったのは、やはり主婦たちである。神奈川県では1980年に、横浜市、川崎市などの自治体ごとに生活クラブ神奈川の組合員が中心になって合成洗剤追放条例制定を求める署名活動がおこなわれた。いずれも法定数を上回る署名を集めたものの、議会では否決されてしまい、条例成立には至らなかった。この経験は、生活クラブ組合員たちが「代理人運動」(後述)をはじめるきっかけの1つになった。

　同じ1980年7月26日、千葉県では生活協同組合、漁業協同組合、労働組合、自然保護団体など県内37団体が参加して、「手賀沼を守ろう！　合成洗剤追放市民会議(市民会議)」が結成され、条例制定を求めて手賀沼周辺の我孫子市、柏市、流山市、沼南町(現・柏市)に対して直接請求運動を展開した。この事務局を生活クラブ千葉が務めた。10月から1か月の署名期間に、3市1町で集めた署名は4万5626筆。法定署名数(有権者の50分の1)の7.3倍におよんだ。この署名とともに、それぞれの自治体に条例案を提出。我孫子市議会、流山市議会、沼南町議会では修正のうえ、可決、首長の諮問機関として「せっけん利用推進対策審議会」が設置された。柏市議会では条例案は否決されたものの、「せっけん利用推進協議会」が設置されることになった。こうして3市1町で、合成洗剤対策、せっけん普及事業が開始され、運動は大きな成果を上げた。

　この結果、3市1町のせっけん利用率は大幅に上昇した。運動の直前に12％の利用率だったものが、翌年には22％に達し

たのである。その大きな原動力となったのが、生活クラブ千葉の組合員たちだった。

「多くの人が生協に加入する動機は、安全な食べものがほしいということでしょう。つまり被害者になりたくないということです。しかし、私たちは日々の生活のなかで加害者になっていたのだと気づかされたのが、合成洗剤の問題でした」

市民会議の事務局が置かれた生活クラブ千葉の専務理事だった風の村理事長の池田は、のちにこのように語っている（『生活クラブ千葉40周年記念誌　40年のものがたり』2016年）。消費するものを通じて、さまざまな環境汚染・破壊に責任を負っている、つまり自分たちは被害者であると同時に加害者でもあることに組合員たちが気づき、学び、動きはじめたのは、この合成洗剤の問題がきっかけだった。この発見をきっかけに、「加害者であることをやめよう」が合言葉になったと、池田はつづける。消費材開発の尺度にも、この環境への視点が加わった。それはのちにさまざまな運動につながっていくのである。

別の機会に池田はこう述べている。「37の団体に呼びかけて市民会議をつくり、地域運動をつくりあげた。この運動の形態が千葉（グループ）の特徴を決定づけたんじゃないかと思っています。ほかの組織、ほかの人たちと一緒に地域で運動をつくっていくやり方は、（他の単協を含めて）生活クラブではそれまで経験がなかった」。

この活動がせっけん工場の建設へと発展していくのだが、その物語は第2部に譲る。その前に、生活協同組合、そして生活クラブ千葉について、振り返っておきたい。

█ 千葉グループの沿革

1976年　「生活クラブ生活協同組合千葉」設立

1980年　「手賀沼を守ろう！　合成洗剤追放市民会議」結成

1984年　「手賀沼せっけん共有者の会」結成

1985年　「手賀沼せっけん工場」完成

1991年　八街市に風のロッジ（宿泊棟）と工房をもつ「風の村」オープン

1992年　「ワーカーズコレクティブ千葉県連合会」設立

1993年　「地球市民交流基金EARTHIAN」設立

1994年　「生活クラブたすけあいネットワーク事業」スタート
　　　　酒々井町に「印旛沼せっけん情報センター」オープン

1998年　「社会福祉法人たすけあい倶楽部」設立
　　　　「たすけあい倶楽部を支える会」設立
　　　　「エッコロ福祉基金」創設

1999年　「せっけんの街」設立

2000年　八街市に「特別養護老人ホーム風の村」開設
　　　　「ちば市民活動・市民事業サポートクラブ（NPOクラブ）」設立

2003年　「コミュニティケア研究所（CCI）」設立

2004年　「社会福祉法人たすけあい倶楽部」と「生活クラブたすけあいネットワーク事業」が統合し「社会福祉法人生活クラブ」が誕生
　　　　たすけあい倶楽部を支える会が「生活クラブ・ボランティア活動情報センター（VAIC）」に改組
　　　　「スワンベーカリー柏店」オープン

2005年　「生活クラブ千葉グループ連絡協議会」発足

2009年　「生活再生支援センター」開始
　　　　「生活クラブ・ボランティア活動情報センター（VAIC）」と「コミュニティケア研究所」の合併により「VAICコミュニティケア研究所」設立

2010 年　「アリエッティ基金」創設
2011 年　生活クラブ千葉を「虹の街」、社会福祉法人生活クラ
　　　　　ブを「風の村」と呼ぶ
　　　　　千葉市稲毛区に「生活クラブいなげビレッジ虹と風」
　　　　　オープン
2012 年　「ユニバーサル就労ネットワークちば」設立
2013 年　「はぐくみの杜を支える会」設立
　　　　　児童養護施設「風の村はぐくみの杜君津」開設
2014 年　「生活クラブ安心システム」開始
2015 年　「生活クラブくらしと家計の相談室」開始
2019 年　第 1 回「つながる経済フォーラムちば」開催
　　　　　9 月〜 10 月にかけて千葉県内で台風被害。千葉グルー
　　　　　プ内での相互支援
　　　　　千葉グループ 9 団体＋ 2 団体が参加し生活クラブ千
　　　　　葉グループの機関として「社会的連帯経済研究所」
　　　　　設立
2020 年　VAIC コミュニティケア研究所が「コミュニティケア
　　　　　街ねっと」に名称変更

2 | 生活協同組合と 生活クラブの歴史

ロッチデール公正先駆者組合と協同組合原則

　1844年12月、イギリス・マンチェスター郊外にある町ロッチデールで、労働者たちによって「ロッチデール公正先駆者組合」が設立された。マンチェスターはイギリス産業革命の中心地で、当時ロッチデールは毛織物工業が盛んな地域だった。労働者たちは長時間労働と低賃金にあえぎながら、食料や生活必需品は商店から割高で買うしかない状況に置かれていた。そんななか、織物労働者28人が、1人1ポンドずつお金を出し合って、基本的な食材や生活必需品を安く扱う店舗を開店したのである（写真）。

　この組織は「ロッチデール公正先駆者組合」と名づけられ、世界で初めての消費協同組合（生活協同組合）とされている。このときに定められたのが「ロッチデール原則」である。その後1937年に、国際協同組合同盟（ICA）がロッチデール原則に基づいて協同組合の基本原則を定めた（表）。原則は冷戦時代の1963年に改定されて6原則となり、1995年に「コミュニティへの関与」が追加されて現在に至っている。

　消費協同組合はイギリス国内へ、さらにヨーロッパへ、世界へと広がっていった。大正時代になると、大正デモクラシーを代表する思想家・政治学者の吉野作造や、キリスト教牧師で社

1844 年に開店したロッチデール公正先駆者組合の店舗（右のレンガ造りの建物）。現在は拡張され、ロッチデール先駆者博物館として運営されている。
出典：Wikimedia Commons

会運動家の賀川豊彦らによって日本にも紹介された。

　吉野は「家庭購買組合」を東京に設立、一方関西では、賀川らの指導によって「購買組合共益社」（大阪）や「神戸購買組合」（神戸）、「灘購買組合」（同）が設立された（神戸購買組合と灘購買組合は、のちに合併して「灘神戸生協」＝現在の「コープこうべ」となる）。さらに、太平洋戦争後の 1948 年に、消費生活協同組合法（以下「生協法」）が公布・施行されて、以後地域・職域・大学に生

表　協同組合の基本原則

1937 年 ICA 原則	1995 年改定
1　加入脱退の自由、公開	1　自発的で開かれた組合員制
2　民主的管理（1 人 1 票制）	2　組合員による民主的管理
3　利用高に応じた配当	3　組合員の経済的参加
4　出資金利子制限	4　自治と自立
5　政治的・宗教的中立	5　教育・訓練および広報
6　現金取引	6　協同組合間協同
7　教育促進	7　コミュニティへの関与

協が設立されていった。1951年には、日本生活協同組合連合会が設立されている。その初代会長には賀川豊彦が就いた。購買が中心だが、共済事業や医療・福祉事業、冠婚葬祭事業を手がける生活協同組合も各地に設立されていった。

生活クラブ生活協同組合の誕生と発展

　1965年6月、東京・世田谷区松原の住宅街で、岩根邦雄とその妻・志津子が、びん入り牛乳の「集団飲用」（共同購入）を手がける「世田谷生活クラブ」を発足させた。

　当時牛乳は店で買うのではなく、取るのが一般的だった。現在ではあまり見かけなくなってしまったが、乳業メーカー系列の販売店と契約すると、配達員がガラスびんに詰めた牛乳を毎朝配ってくれた。各家の玄関には牛乳受けが置いてあったものだ。

　この年の6月、大手乳業メーカーは配達する牛乳1びんあたりの価格を3円値上げして18円とした。それを共同でまとめて購入することで、販売手数料を省き、それまでと同じ15円で飲めるようにしようというのが、岩根夫妻のアイデアだった。志津子は「牛乳を安く飲むために生活クラブに入りませんか」と書かれたチラシを配り、数日後にあらためて1軒1軒訪問して会員を募った。その結果集まった最初の会員は200人ほど、わずか329本からのスタートだった。スタッフは岩根夫妻に、高校を卒業したばかりの河野栄次（現・生活クラブ事業連合生活協同組合連合会顧問）が会社勤めとの兼業で参加した。事務所は岩根夫妻のアパートの1室だった。牛乳は当時世田谷区内に工場があった全酪牛乳から仕入れた。

　ただし、最初から牛乳の販売を目的にしていたわけではなく、「自分たちの身近な場所で、地域社会のなかで、何かをやりた

い、つくりだしたいという気持ちから、その実践のきっかけを
牛乳に見出した」と、のちに岩根邦雄は書いている（岩根邦雄『生
活クラブとともに』生活クラブ生活協同組合、1978年）。岩根はとくに、
地域の主婦たちの連帯を図る組織をつくろうと考えたのだっ
た。「むしろそれ（牛乳）を共同購入することで、地域の主婦た
ちと日常的なふれあいができれば、という思いが私のなかでは
大きな比重を占めていた」（同書）。

　大手系列の牛乳販売店やその配達員からの妨害など、紆余曲
折もあったが、生活クラブの会員も、取り扱う牛乳の本数も順
調にふえていった。2年目には、牛乳のほかにバターやお茶、
化粧品、せっけん、洗剤、生理用品や灯油などの配達もはじめ
た。

　1967年に会員が1000人を超えると、生活クラブは組織を生
活協同組合（以下「生協」）にあらためることにした。それは、
先に示した「協同組合の原則」が、岩根らが求める活動に合致
していると感じたからだ。河野によれば、「けっして金儲けで
やっているのではない」、ということをかたちにしたいという
思いもあったという。生協は組合員の共同出資によって成り立
つ。利用者と出資者が同じで、利潤追求のための組織ではない
からである。生活クラブは、そのはじまりから「地域社会」へ
の視点を強くもっていた。

　1968年10月に、「生活クラブ生活協同組合」は発足した。
賛同者（組合員）は1000人だったが、それまでの会員が全員参
加してくれたわけではなく、3割は脱落。賛同者が1000人に
達するまで1年を要した。しかし、岩根志津子がたったひとり
でチラシを配り勧誘して歩いた2年前とちがい、今度は発起人
となった主婦たちが手分けして熱心に勧誘して賛同者をふやし
ていったのだった。

　当時の生協は店舗形式が多かった。出資した組合員だけがそ

の店で購入できるしくみである。しかし、店舗をもつには資本がいる。生活クラブも当初は店舗をもつことを目標に掲げたが、当時の生活クラブにそれだけの元手も資金調達のあてもなかったし、店舗運営のノウハウもなかった。調べると店舗をもたず注文を取って配達する「御用聞き方式」の生協もあったが、それも人手のない生活クラブには無理だった。結局、「班別予約共同購入」という方式に落ち着く。近隣の組合員が10人程度の班をつくり、ひと月分を班ごとに注文する。注文した品は翌月まとめて届くので、それを班員が仕分けし、もち帰ったり、配ったりするのである。

　組合員にとっては不便きわまりないとも思われるこの制度も、計画的な生活をと呼びかけ、原価も運送費もすべて公開したことで、納得してもらった。その後多くの生協が取り入れることになり、世界にも紹介されたこの班別予約共同購入制度は、当時非常識ともいわれたし、ないないづくしの生活クラブにとっては「苦肉の策」だったと岩根も認めている。しかし、設立したばかりで資金のない生活クラブにとって、そのメリットは予想以上だった。

　まず代金は前払いだったから、仕入れのための資金をもたなくてもよかった。注文に応じて生産者に発注するわけだから、在庫をもつ必要がない。これがもし店舗であれば一定の在庫をもたなくてはならないし、そのための運転資金も必要だ。一方、生産者のほうも注文に応じて計画的に生産できる利点がある。売り残しも返品もほとんどない。いわばむだが出ないシステムなのである。コストが削減できるのだから、その分価格も安くできることになる。ただ、このシステムは価格を安くすることだけが目的ではない。価格の透明性を高め、適正な対価を支払うことで、良質な品を生産してくれる生産者との共存につながるという考えもあった。

　班別予約共同購入のメリットは、ほかにもあった。

　生活クラブの初期から発展していった1970年代にかけて、組合員は1930年代後半〜1940年代後半にかけて生まれた女性が中心だった。当時女性は、結婚すると仕事を辞め、いわゆる主婦として家庭に入るのがふつうの時代。同時に首都圏では、郊外に大規模な新興住宅地が次つぎと開発されていった。高度成長期に大量に上京した若い人びとは、結婚してそうした新興住宅地の団地・社宅に住むことが多かった。縁もゆかりもない土地で、互いに見知らぬ同士が隣り合わせに暮らすなか、生活クラブの「班」は、人と人とのつながり、コミュニティを築いていった。生活クラブの活動を通じて、組合員たちは学びあい、社会参加の道を見出していったのだ。

　1968年にたった1000人の組合員で出発した生活クラブは、4年後の1972年には組合員世帯数8000、一般企業の売上高にあたる供給高は、初年度の9倍の4億5000万円を超えた。このかん、組織は発祥の地である世田谷区を越えて、練馬区、板橋区、保谷市や田無市（現在は合併して西東京市）、調布市などに広がり、1971年には神奈川県に兄弟生協の「みどり生協」（現・生活クラブ神奈川）が誕生、1974年には埼玉県新座市にも支部ができ、のちに生活クラブ埼玉となった（当時の生協法では、都道府県域を越えて設立することができない県域規制があったため、都道府県単位で法人を設立する必要があった。ただし2007年の生協法改正で一部が認められた）。

　こうした急拡大を実現したのも、また組合員たちだった。「生協は組合員が主役」といわれるが、組合員が地道にチラシを配り声を掛け、新しい組合員の勧誘までするところはほかにあまり例がない。

　生協になって10年目の1978年に出版された『10万の主婦・10年の体験　主婦の生協づくり』（生活クラブ生活協同組合編、

三一書房）という本に、初期に活動した組合員たちの声が掲載されている。いくつか紹介しよう。

「今になって初めて、生活クラブ生協は、単に一括購入で安い品物を買うことだけが目的ではなく、直接生産者と話し合い、その生産工程をたしかめ、言葉だけでなく、ほんとうに安心して使える品物を少しでも扱おうとしていること、また品物についてだけでなく、活動についても、たくさんの主婦が参加できるようにするため、もしどこかに無理があればそれを変えてゆけるようなルートが、種々な形の集まりを通してできていることに、大きな特徴があることを知ったのです」（狛江市の組合員）

「ふつうのスーパー・マーケット的生協とちがって、すべての問題について主婦の私たちが主体性を持って、行動によって解決する、という取り組み方のできるところが素晴らしいと思っています。現に、味噌、醤油、その他『生活クラブ生協』のプライベート・コープ製品もたくさん出ていますし、（中略）私たちがこういうものを実現させたいという夢を自分たちの手で実験し、つくり出すことのできる組織だということです」（杉並区の組合員）

「組合員同士の関係がとてもしっくりいっていて、班と班との連絡も取れて、いざとなればいっしょになんでもできます。よその生協では同じ団地に何人組合員がいるかなんて全然知りませんものね」（川崎市の組合員）

「何でもやろうと思えばできる、発言もできるし、実現できる組織なんです。それにグループとしての連帯感、一体感をとても感じます。けっしてエゴでない、一人前の人間としての自覚をもち、本質的なところから物事を考え直していこうとするものの集まりだという意識が、知らず知らずのうちに組合員の私たち主婦の人たちに浸透していきます。ですからそこで取り組まれる運動は、決して消費者エゴの運動などではなく、生産

者の人たちも含めて、社会全体の利益を考えた上で子どもたち
次の世代に何を残すのかというところに、つながっていくんで
す」（練馬区の組合員）

　班という地域に根ざした組織によって、組合員同士の紐帯が
強まる。そしてその声は、支部やブロックを通じて、本部にも
届いていく。組織を運営するのもまた組合員である主婦たちな
のだった。組合員たちは、生活クラブの活動を通じて社会問題
にも目を向けていったのである。そしてひとりひとりの力は小
さくても、「おおぜいの私」として、社会に影響をおよぼすこ
とができる、という経験を積み重ねていった。

　現在では、北海道から近畿に至るまで、21 都道府県に 33 の
単協があり、それぞれの単協が会員となって、生活クラブ事業
連合生活協同組合連合会（生活クラブ連合会）を形成している。
組合員世帯数は全部で約 40 万。なかには生活クラブに食材を
供給する生産者団体が中心になって設立された、庄内親生会（山
形県）のような単協もある。ほかに組合員の共済保険を取り扱
う生活クラブ共済連、物流、乳業、エネルギー事業などを手が
ける関連会社が生活クラブ連合会傘下に 11 社。個々の単協が、
社会福祉法人などの関連組織をもち、さらに後述するように、
組合員たちは自発的に新たな事業を切り開いていくようになっ
た。

█　取り扱うほとんどがオリジナル

　現在生活クラブが取り扱う品目数は年間 2 万点近い。もっと
も多いのは食品で、そのほとんどは生活クラブオリジナルだ。
　生活クラブを特徴づける言葉として「消費材」がある。取り
扱う品は、商品とは呼ばず消費材と呼ぶのである。言葉として
は生協になった 1968 年前後には使われていたようだが、正式

には1972年の総代会議案書にはじめて登場する。

　議案書には「共同購入の根底にあるのは、組合員が望む『商品』を提供するのではなく、組合員の望む『消費材』を自ら仕入れ、手にする手段をつくりだす運動として取り組むのが生協だという考えです」とあり、あくまで、消費材をつくりだす（運動の）主体は組合員だとしている。

　1970年代には、次のような「消費材の要件」「消費材生産者の要件」が提案されていた。ここにはすでに健康や安全だけでなく、社会的公正、資源の有限性、食料自給や地球環境への深い認識があって驚かされる。ローマクラブのレポート『成長の限界』（1972年）や、第四次中東戦争（1973年）をきっかけに起こった第一次石油ショックが、環境汚染や資源の限界、食糧危機に警鐘を鳴らしたとはいえ、まだまだ一般には「消費は美徳」が叫ばれ、地球環境問題にも人類がまだ無頓着だった時代に、そのような要件を満たした消費材を、生産者との対等な関係のなかでつくりだしていこうと呼びかけたのである。

消費材の要件

① 　消費者が真に求める「必要」を充足し、社会的に公正で有用なものでなければ存在価値はありません。

② 　使用価値を追求したもの。

③ 　生産者の再生産を保障する適正価格であること。

④ 　原材料・生産工程・流通・廃棄のすべての段階における情報公開。

⑤ 　生活に「有用」であり、身体に「安全」であり、環境に「健全」であるもの。

⑥ 　生産者と消費者の対等互恵と相互理解と連帯の条件があること。

⑦ 　国内自給と自然循環の追求─世界の有限な食糧・資源を横

取りしたり搾取することをせず、いま以上の「餓え」と地球
資源の危機を拡大しない。

消費材生産者の要件
① 消費者とともに問題を解決する意欲をもつこと。
② 情報を公開すること。
③ 適切な生産方式と能力を備えているか、備えることができ
　ること。
④ その生産方式を他の生産者と共同して社会的に拡大でき
　ること。
⑤ ほかの不公正な企業に投資をしないこと。
⑥ 生産から廃棄まで、自然環境や地球資源を念頭に置いて行
　動すること。

　生活クラブでは、しばしば「食べ（つづけ）る力」という言
葉も使われる。自分たちが食べることによって、生産者が生産
をつづけることができる。それは回り回って、社会に影響を与
え、変革にもつながるという考えだ。
　いまでこそ、オリジナルの消費材を数多くそろえる生活クラ
ブだが、1968年の生協設立当初は、それまで扱っていた全酪
牛乳のほか、「日本生活協同組合連合会」が供給する「コープ
商品」を仕入れていた（牛乳はその後同じ全酪が供給していた「CO-
OP生協牛乳3・2」に変更。後述）。そのなかには合成洗剤や化学
調味料などもあった。しかし、ひとつひとつの商品について、
品質に問題があれば改善を要求し、そして根本的に問題がある
とわかった商品、改善が受け入れられない商品は、取り扱いを
やめていった。そして、味噌（現在も取り扱う長野市のマルモ青木
味噌醤油醸造場の天然醸造味噌）を皮切りに、オリジナル消費材を
ひとつずつ加えていった。山形県庄内地方の遊佐農業協同組合

（現・JA庄内みどり）との、米をはじめとする農産物の産地直送（産直）にも乗りだした。同じ庄内地方酒田市の平田牧場とはウインナー・ソーセージがきっかけで、豚肉の産直もはじまる。

　決定的だったのは1973年に起きた第一次石油ショックにともなう品不足時に、コープ商品が利用実績ではなく、組合員数に応じて分配されたことだ。当時の生活クラブのコープ商品利用高は、ほかの生協に比べてかなり高かった（現在でも組合員1人あたりの消費材利用高はほかの生協に比べてきわめて高い）。つまりほかの生協では、生協以外から購入する割合が高い、いいかえればあまりコープ商品を利用していなかったのだ。ところが、入荷量が少ない品は組合員数に応じて各生協に分配された。組合員数の多い生協により多く品物が回された結果、組合員数の少なかった生活クラブでは欠配が発生してしまったのだ。これが「オリジナル消費材」開発に本格的に取り組むきっかけとなった。

█ 豚の「1頭買い」と自前の牛乳工場

　多くの組合員をして「あの豚肉がおいしくて生活クラブに入った」といわしめる平田牧場（山形県酒田市）の豚肉の共同購入は、平田牧場が経営する関連会社のウインナー・ソーセージ工場を訪れた組合員たちが、衛生的な飼育環境や解体施設をみて「あの豚肉を食べたい」と提案したことにはじまる。

　平田牧場は、自社が飼育する豚を解体して枝肉として出荷するだけでなく、1971年に太陽食品（設立時は北協食品、現・平牧工房）を設立して、自社で育てた豚肉から、ハムやウインナー・ソーセージ（以下「ウインナー」）の製造・販売をはじめた。当時、食肉加工品にはAF2という保存料が使われていて、その発癌性が問題になっていた（AF2は1974年に使用が禁止された）。ウイ

ンナーは見栄えよく赤く着色されていた。平田牧場の新田嘉一社長（当時）は、保存料も着色料も使わない無添加ハム、ソーセージをつくろうと考えたのだった。最初はウインナーを東北地方の店舗生協に納入した。しかし、大手メーカーの赤いウインナーに慣れた消費者は、知名度のないメーカーの無添加ウインナーに手を出してくれない。日本生活協同組合連合会を通じ、東京の店舗生協でも販売したが、そこでも売れるのは着色された大手メーカーのウインナーばかりだった。せっかくはじめた新規事業は赤字がかさむばかりで、困り果てた新田が旧知の山形県会議員に相談したところ、すでに遊佐農協と米の産直をはじめていた生活クラブを紹介されたのである。生活クラブでは、その品質の確かさをみて、これを買い取ることにした。

　ただ、当時の生活クラブはまだ保冷施設や保冷車をもっていなかったため、まず気温の低い時期に試験的に取り組むことにした。1973年冬のことである。試験的とはいえ1回の取引量は5トン。それまでほかの生協で売れていた量をはるかにしのぐ注文に、新田は驚く一方、「代金を払ってもらえるのだろうか」と内心不安を感じたという。

　ともあれ、最初の注文がまとまり、配送がはじまったのだが、この取り組みで一部のウインナーにネト（細菌によってつくられる粘りけのある物質）が発生してしまったのだ。結局、このときは太陽食品側の出荷オペレーションに問題があったことがわかり、全量を回収することになったが、ネトが発生するのはむしろ本物の証しと、生活クラブではウインナーの取り扱いを継続することにした。組合員にも評判がよく、定期的な予約共同購入もはじまったが、ネトの問題を解決するにはやはり保冷車で配達するしかないと、生活クラブ側は太陽食品の保冷車で各班まで配送することを新田に依頼した。しかし、ドライバーは東京の道には不慣れ。それを乗り切ったのは、組合員が配達時に

同乗して道案内するという仰天の策である。

　ウインナーの共同購入は、生活クラブにとっても大きな転機となった。ウインナーの取り扱いがはじまってから1年半後の1974年8月、取引をしていた遊佐農協と生活クラブの交流会が現地で開かれた。参加した組合員たちはこのとき同じ庄内地方にある平田牧場やその解体施設も見学した。そのとき「あの豚肉を共同購入したい」という声が上がったのだ。

　とくに熱心だったのは練馬支部の組合員たち。東京に戻ってそのことを本部に相談すると、「どうしてもやりたいなら自分たちで実験してみるしかない」との回答だった。前述のように当時の生活クラブは保冷施設も保冷車も、もたなかったからだ。しかし組合員たちはそこで諦めることはなかった。自分たちの責任で、豚1頭分を買い取り、分けて食べる実験をすることにし、平田牧場から人を呼んで枝肉を解体してもらった。これがきっかけで練馬支部での「豚1頭買い」（頭部や脚の先端、内臓、皮などを除く）が実現した。購入は1キロのブロック単位、自分たちで部位ごとに価格を決めた。配達はウインナー同様に、太陽食品の保冷車で配達してもらった。この取り組みは、生活クラブ（神奈川県のみどり生協を含む）全体に広がった。

　1976年、生活クラブと太陽食品は共同で低温流通を手がける太陽食品販売（現・太陽ネットワーク物流）を設立。現在では、生活クラブの物流会社として牛乳・乳製品・魚介類も含めた生鮮食品・冷凍食品全般の流通を取り扱っている。

　さて、オイルショックによる「狂乱物価」は、牛乳にもおよんだ。牛乳は生活クラブにとって原点である。日本生活協同組合連合会に加入後、岩根邦雄は牛乳部会に所属して、原乳を殺菌・ホモジナイズ（乳脂肪を均質化すること）しただけの「CO-OP生協牛乳3・2」（3・2は乳脂肪分を示す）を開発した。それだけに、CO-OP生協牛乳3・2の生活クラブでの利用高は、他生

協と比べて突出して高かった。生産者は以前と同じ全酪連だったが、石油ショック時、値上げのたびに加工処理費も値上げして価格に上乗せされていたことに生活クラブ側は納得できなかった。交渉しても、全酪連側は加工処理費の内訳を明らかにしなかった。

ところが、生産者である酪農家を視察すると窮状が伝わってきた。大手メーカーが価格を決め、そのしわ寄せが生産者と消費者におよぶ構造が浮き彫りになった。

これをきっかけに生活クラブは、直接生産者と提携しようとオリジナル牛乳の開発に取り組みはじめた。

しかし、当時の酪農家は所属する酪農組合ごとに大手乳業メーカーの系列下にあって、そこを離れて新たに実績のない生協と組もうという酪農家はなかなかみつからなかった。

たまたま組合員のつてで、千葉県の酪農家を紹介されたのがきっかけで、千葉県のある酪農組合と提携の話がまとまりかけた。しかし、酪農家と共同で牛乳工場を建設したいと考えていた生活クラブに対し、酪農組合はあくまで酪農組合側が主体で

平田牧場の食肉加工を手がける平牧工房（山形県酒田市）

工場をもち、牛乳を生活クラブに納入するという考え。これで
は、大手乳業会社や全酪連との関係と変わらない。オリジナル
牛乳も一から取り組み直すことになるかと思われた。しかし、
その酪農組合に所属する酪農家が、組合を脱退して新たに仲間
を集めて酪農組合を設立し、生活クラブと共同で工場を建設す
ることで話がまとまった。

　こうして1978年、6軒の酪農家が千葉県東部酪農組合（現・
農事組合法人新生酪農クラブ）を結成、同酪農組合と生活クラブの
共同出資で、新生酪農株式会社が千葉県長生郡睦沢町に設立さ
れた。その工場の完成は1979年2月、3月1日にオリジナル
の「生活クラブ牛乳」を初出荷した。その後、新生酪農はアイ
スクリームやヨーグルト、ナチュラルチーズの製造にも乗りだ

表　生活クラブ生活協同組合の初期のあゆみ

1965年	びん入り牛乳の集団飲用を目的に世田谷生活クラブ発足。会員200人。
1968年	10月、生活クラブ生活協同組合設立総会。
1969年	日本生活協同組合連合会に加盟。
1971年	機関誌『生活と自治』発行開始。みどり生協（現・生活クラブ神奈川）設立。
1972年	オリジナル消費材第1号となる、味噌（マルモ青木味噌醤油醸造場）開発。
1974年	太陽食品のウインナー・ソーセージの取り扱い開始。エスケー石鹸と「粒状せっけん」（粉せっけん）を開発（オリジナル消費材第2号）。平田牧場の豚肉「1頭買い」共同購入開始。
1975年	生活クラブ埼玉設立。「せっけん運動」開始。
1976年	太陽食品販売設立。生活クラブ千葉（虹の街）設立。
1978年	千葉県東部酪農組合（現・新生酪農クラブ）・新生酪農㈱設立。
1979年	オリジナル牛乳の出荷がはじまる。
1981年	シンクタンク社会運動研究センター（現・市民セクター政策機構）設立。協同組合石けん運動連絡会（現・せっけん運動ネットワーク）結成。
1982年	初の店舗形式の「デポー」が神奈川で開設。デポーを運営するワーカーズ・コレクティブ「にんじん」誕生。
1984年	生活クラブ東京で「個人班」制度導入。
1987年	栃木新生酪農㈱設立（のちに新生酪農㈱と合併）。
1988年	72℃15秒殺菌の「パスチャライズド牛乳」の生産はじまる。
1989年	ワーカーズ・コレクティブ連合会設立。ライト・ライブリフッド賞名誉賞受賞。
1990年	生活クラブ事業連合生活協同組合連合会（生活クラブ連合会）設立。

した。栃木県那須塩原市、長野県安曇野市にも工場をもち、生活クラブの牛乳・乳製品供給を支えている。

　新生酪農クラブと新生酪農の誕生は、のちに生活クラブ千葉グループの発展にも大きく関わってくる。

▌おおぜいの私の力

　すでにあるものではなく、職員が開発するのでもなく、組合員たちが納得するもの＝消費材を、話し合い試行しながらつくりだしてきたのが、生活クラブという組織だ。

　「よくいうんです。生活クラブは安全・安心な食べものを売る生協じゃないよ。安全・安心な食べものを生産者とつくっていく生協だよと」

　そう語るのは、風の村副理事長の木村庸子である。木村自身は1997年に生活クラブ千葉の組合員になり、以後役員としても活動をつづけてきた。

　これまでみてきたように、「必要なものがなければ自分たちでつくる」のが、生活クラブの根本にある。多くのオリジナル消費材もそのようにしてつくりあげられてきたものだが、そこにはつねに「生産者とともに」という意識と態度がある。安全・安心な食べものは自分たちではつくりだせない、つくりつづけていくことができない。だからともにつくった生産者に、事業が継続できる正当な対価を支払い、その消費材を食べつづけるのである。生産者交流会や現地見学会を開催し、組合員と生産者の顔の見える関係をつくりだし、結びつきを深める。

　原料も国産にこだわる。扱う加工食品1419品目のうち、1048品目は、国産原材料を7割以上使用しているという（2017年度）。

　原料だけではない。平田牧場、新生酪農クラブなど、肉や牛

乳、鶏卵の生産者は、飼料自給率向上をめざして、家畜に飼料用米・稲わらを食べさせる取り組みもすすめている。遊休農地で多収穫の飼料用米をつくり、それを家畜に食べさせ、家畜のふんは肥料として農地に戻す耕畜連携は、生産者にとってもお米をつくる農家にとってもメリットのあるしくみだ。資源循環にも寄与する。高齢化し人手不足に悩む農家のために、組合員による「援農」の取り組みまである。それらはすべて、安全・安心なものを食べつづけるために、組合員が生産者とともにつくりあげてきたしくみなのだ。

　木村が生活クラブ千葉に加入したきっかけも、やはり平田牧場の豚肉という。千葉市の社宅暮らしだったころ、集合住宅の階段下に毎週集まっては、届く品物を仕分けしている人たちがいた。そこに声を掛けたのが、生活クラブ千葉の「班」との出会いだった。ちょうど子どもが生まれ、仕事も辞めて家にいたときだ。そのまま入会することにした。

　「豚肉のおいしさと、支部スタッフの方に引き込まれた」と木村は笑う。それまで生活クラブ千葉を知らなかったが、支部リーダーでもあった班長に誘われて地区会や支部企画会議に出席しているうちに、「ざっこく委員をやってくれと頼まれたんです」。

　「ざっこく（ザ・国）」とは、そのころ生活クラブで取り組んでいた、食料自給・国産品を食べよう、食糧自給率を高めよういう「That's 国産運動」のこと。

　ただ、初めは生活クラブ千葉の考え方に 100 パーセント賛同していたわけでもないと、木村はいう。最初のうちは支部委員会に参加してもどこか違和感があった。これはおかしいんじゃないかと、疑問を抱くこともあった。「勧誘とか（消費材の）説明とか、職員がやるような仕事をなんで組合員がやっているんだろう、赤ちゃんをだっこしながらかけずり回っている支部

リーダーの姿を見て、なんでここまでやるんだろう、と思いましたね」。しかしザ・国委員として地区会に行くと、クレームの嵐。「それに返していくには勉強しなくてはいけないし、そうやって知っていくことがおもしろかったんだと思います」。

　「人との出会いが楽しい」と、最初のころ同じ班の仲間がいっていた言葉がだんだんわかってきた。いつしか価値観を共有できていた、と木村はふりかえる。

　「自立した仲間というか、いろいろ相談したり愚痴をこぼしあったりもするけれど、最後に決めるのは自分、そして決めたらまっとうする、そういう人たちがまわりにたくさんいた」。2003年に木村は支部リーダーに就任。支部リーダー時代には、ほぼ毎日のように地域の活動にかけずり回っていたという。加入したばかりのころは「なんでここまでやるんだろう」と思っていたことを、木村自身がするようになっていた。2005年には理事・ブロック理事長になり、2007年から3期6年副理事長を、2013年から2019年までは理事長を務めた。

　「理事会がどんなものか知らないままに、理事やブロック理事長を引き受け、副理事長時代には、（生活クラブ千葉の）消費委員長として生活クラブ連合会の連合消費委員も務めました。いま振り返るとがむしゃらだったかな、と思います」と木村。副理事長になったときには、生活クラブ千葉に消費委員会がなかったため、単協・ブロック・支部それぞれに消費委員会を立ち上げ、運動としての消費材の共同購入の意義を学び伝えて利用促進につなげていくという、その後の活動のベースをつくった。

　一方、生活クラブ連合会の連合消費委員会では、再開発と呼ばれる消費材の改善や新消費材の開発もおこなう。連合消費委員も務めた木村は、そこでチューブ入りマヨネーズを提案したことがある。生活クラブのマヨネーズはずっとびん入りだった。

もちろん生活クラブオリジナルである。しかし量が多い、重い、使いにくいといった声があり、生活クラブ千葉内部で調査検討のうえ、チューブ入りの開発を提案したのだった。ところが、即座に却下されてしまった。

　生活クラブが、生産者とともにグルタミン酸ソーダを使わない、卵（黄）と油と酢だけでつくったオリジナルマヨネーズの開発に取り組みはじめたのは1976年のこと。プラスチック製チューブ容器から化学物質が溶出する問題も、オリジナル開発に取り組むきっかけとなった。以来改良に改良を重ねて、素材も生活クラブの生産者のものに換え、現在のマヨネーズが完成したのが1998年。その間、容器はずっとびんを使っている。ただ、マヨネーズには加熱殺菌工程がないため、衛生問題から使い切り（ワンウェイ）びんだった。それを、2010年からはケチャップやマーマレードなどと共通の、洗って繰り返し使える「Rびん」（Rはリターナブルまたはリユースの略）を使用するようになった。マヨネーズにはつねに新しいびんを使い、使用後に返却すると専門の洗びん業者が洗浄・消毒したうえで、トマトケチャップやマーマレードなど加熱殺菌工程のあるほかのびん入り消費材用に回すしくみだ。そうした歴史のある消費材でもあり、「びん入りマヨネーズ」への組合員の思い入れは強かった。そのときは「（千葉以外の）ほとんどの単協が反対」（木村）だったという。

　しかし、生活スタイルも変わった。家族が減ったため使い切れない、ふたが固くて子どもや高齢者では開けにくい、といった声もあって、2013年に今度は生活クラブ東京から提案があり、ふたたびチューブ入りマヨネーズの開発が連合消費委員会のテーマに上がった。議論と試作を重ね、従来のRびん入りマヨネーズを残しながら、あらたに200グラム入りチューブ入りマヨネーズの供給が開始されたのは2017年のことだ。消費

材の開発にも改良にも、あくまでその
ときどきの組合員の総意が尊重される
のである。

「チューブ入りマヨネーズ（が否決さ
れたこと）が連合消費委員会でのいち
ばんの思い出」と笑う木村だが、「そ
のときは悔しかったけれど、自分たち
が必要とするものを生み出す作業工程
だと思います」ともいう。

社会福祉法人生活クラブ（風
の村）副理事長・木村庸子

数かずの消費材は、「ひとつひとつ
が組合員の当事者性から生まれたもの」だと木村はいう。それ
は消費材に限らない。地域社会のなかになにか課題がみつかれ
ば、組合員たちは消費材を開発するのと同じように、それを当
事者として解決しようとしてきた。

「生活クラブは、おおぜいの力（＝消費材の共同購入）によって
物事を解決するという手段をもっています。それは社会課題の
解決にも当てはまる。自分たちだけがよければいい、ではすま
ない」（木村）

「日々の生活のなかから社会を変えていく、生活クラブには
そんな力がある」

風の村理事長の池田は、こう述べている（『生活クラブとの
四十五年を振り返る　生活クラブ千葉 40 周年記念誌』2016 年 11 月）が、
そこには志を同じくする仲間たちとの協働が欠かせない。

「活動を通じてたくさんの人に出会い、学びあい、提案し、
議論し、合意を重ね、ともに実践していくなかで、多様な力を
身につけてきた」（木村）。生活クラブの組合員は、当然のよう
に「地域の課題解決の主体者」となっていったのである。

脱原子力からエネルギーの産直へ

　「必要なものは自分たちでつくりだしてきた」生活クラブ組合員たちにとって、長いあいだ、どうしてもつくりだせないものがあった。電気である。1964年に定められた電気事業法によって、電気はその地域を営業範囲とする地域電力会社に供給義務が課せられると同時に、独占的な営業権が認められており、それ以外の電力会社からの電気を購入することができなかった。ただそのころにはまだ、電力会社が選べないことに不都合を感じる消費者はいなかったといっていいだろう。一方、1950年代以降、日本は国策として原子力発電を推進。その国策に乗って、各電力会社は競うように次つぎと原子力発電所（原発）を建設していたが、それに疑問をもつ人もわずかだった。ところが、1979年にアメリカのスリーマイル島原発が事故を起こしたことで、原発の根本的な危険性が認識されるようになる。

　さらに1986年4月に発生した、旧ソ連チェルノブイリ原発事故では、大量の放射性物質が大気圏にまき散らされ、その後降雨とともに地表に降り注いだ。ヨーロッパを中心に農作物が汚染され、食品の輸入に規制がかかった。その汚染は、遠く離れた日本にもおよんだ。当時生活クラブでも、独自の放射能基準を設けた（当時は一部の単協で輸入食品を扱っていた）が、国内の食品（茶葉）からもチェルノブイリ原発由来の放射性物質が検出されたのだ。生活クラブではただちに、茶葉を出荷停止にするとともに、生産者からすべて買い取った。生産者になんの落ち度もないことで、生産者を苦境に陥らせてはならなかったからだ。

　同時に、自分たちの使っている電気への疑問が湧いた。この当時国内でも発電電力量の3割程度が、すでに原子力発電からのものになっていたのである。アメリカのスリーマイル島原発

やチェルノブイリ原発の事故のあとも、日本の原発の安全性は
強調されたが、実際には燃料棒の破損や落下、冷却水漏れなど
のトラブルはたびたび発生していた。

　しかし、原発からの電気を使いたくないと望んでもその選択
肢はなかった。前述のように、自由に電力会社を乗り換えるこ
とはできなかったし、もしできたとしても望むような電気を
売ってくれる電力会社はどこにもなかったからだ。

　1990年代になってようやく少し状況が変わる。まず、1990
年に電気事業法が改正され、100キロワット未満の太陽光発電、
風力発電、燃料電池発電設備は、誰でも自由に設置できるよう
になった。そのころ、太陽光発電システムはまだきわめて高価
なものではあったが、実用的なレベルに達しつつあった。住宅
の屋根を利用して、個人で電気を自給しようと思えば可能な時
代になったのである。さらに、1992年になると電力会社は「余
剰電力買取制度」を開始する。太陽光発電では、日照があれば
使っている以上に発電する時間帯が出てくる。これまでは、そ
れをバッテリーに蓄電するか、むだにするしかなかったのだが、
それを電力会社が買い取るしくみだ。国も後押しをして設置補
助制度を設けたため、屋根に太陽光発電システムを設置する家
庭が少しずつでてきはじめた。

　しかし、このころの家庭用太陽光発電のシステム価格は数
百万円で、「高級外車1台分」といわれた。補助金があっても、
個人で設置するにはまだハードルが高かった。この時代、生活
クラブ組合員らが取り組んだのが「市民太陽光発電所」だ。地
域に少しでも自然エネルギー（再生可能エネルギー）からの電気
をふやそうと、市民から寄付を募って、学校や公共施設などの
屋根・屋上に太陽光発電システムを設置しようという運動であ
る。

　生活クラブ北海道は、この方式を風力発電に応用した。しか

も、生活クラブらしいやり方で。

生活クラブ北海道の元理事長・杉山さかえは、筆者にこう説明している。「（生活クラブは）もともとお味噌でも豚肉でも牛乳でも、自分たちが納得できるものがなければ、自分たちで生産者をさがし、つくりだしてきたんです。ところが電気はそれができない。原発の電気はいらないのに、送られてきてしまう。それなら原発に頼らないクリーンな電気を、自分たちでつくろうと考えたんですよ」（小澤祥司『コミュニティエネルギーの時代へ』岩波書店、2003年）。

生活クラブ北海道は1995年に「北海道グリーンファンド」という団体を立ち上げ、風車建設のための資金を集めはじめる。組合員が北海道電力に支払う電気料金を代行徴収し、グリーンファンド会員はその料金に5％を上乗せして支払うと、その5％が基金に組み込まれるというユニークな方式をとった。会員には5％分は節電しましょうと呼びかけた。

2001年に、北海道東北部のオホーツク海沿いの町浜頓別に、日本初の「市民風車」が稼働をはじめた。1メガ（1000キロ）ワットと、当時としては大型の風車で、発電した電気は北海道電力に売電された。全体からすればまだわずかとはいえ、自然エネルギーからの電気を自分たちでつくりだしたのだった。自分たちが納得できる電気を自分たちでつくろうという動きは、生活クラブ全体のものになっていった。

しかし、欧米で進んでいた電力改革、自由化の流れは、日本では停滞していた。そのおもな理由は、政財官界に大きな影響力をもつ電力会社の抵抗が大きかったことにある。

ところが2011年3月の東日本大震災と福島第一原発事故を受け、電力システムのあり方は大きく変わらざるをえなくなった。2013年には発電事業と電力小売事業を全面的に自由化することが方向付けられ、小売に関しては2015年4月からは電

圧50キロワット以上が自由化され、2016年4月にはこの制限も撤廃された。送配電システムなどにまだ問題は残っているものの、形式上は「誰もが発電事業者や電力小売事業者になれる」「どの電力小売事業者から電気を買ってもいい」時代がようやくやってきたのである。

　2014年10月、生活クラブ連合会や各単協が出資者となって、「株式会社生活クラブエナジー」が設立された。生活クラブエナジーは、まず2015年4月に生活クラブ関連事業所向けに「生活クラブでんき」の販売を開始、2016年4月の全面自由化を機に、対象を組合員向けに広げた。購入し、供給するのは、風力、太陽光、バイオマス、小水力等の自然エネルギーから発電された電気。その原則として、省エネルギー、脱原発、減CO_2、地域への貢献、生産者との連携、適正価格での購入などを掲げる。福島県の会津電力株式会社や飯舘電力株式会社など、地域に根ざした小規模な発電会社「ご当地電力」からの自然エネルギーを積極的に購入する。

　一方、各生活クラブ単協の事業所にも太陽光発電システムを設置、これらの電気も買い取って供給しているほか、生活クラブ東京・神奈川・埼玉・千葉が共同出資し、組合員からの寄付も集めて2012年に完成した、秋田県にかほ市の風車「夢風」（1990キロワット、年間発電量は一般家庭1300世帯分）の電気も、生活クラブエナジーが全量買い取っている。食同様、電気の共同購入であり産直。しかも、それぞれの電気の産地を組合員が訪れたり、食の開発に取り組んだりと、消費材の生産者と同じように交流をすすめている。まさに顔の見える電気、コンセントの先が追える電気なのだ。

FEC自給ネットワークづくり

　食への取り組みからはじまった生活クラブの運動は、1990年代には福祉（介護）へ、2000年代にはエネルギーへと、その取り組みを広げてきた。生活クラブ連合会は、2015〜2019年の第6次中期計画で、「サステイナブルなひと、生活クラブ」をスローガンとして、FEC自給ネットワークの実現を目標に掲げた。

　東日本大震災・福島第一原発事故後に、経済評論家の内橋克人氏は、食べ物（F）、エネルギー（E）、福祉（ケア、C）をできる限り自給することで、自立した持続可能な地域を築くことができると提唱。グローバル化する資本主義、市場原理主義に対抗していくために、人びとの連帯と参加と協働によって、FECという人間にとっての基本的生存権を守っていくことが必要だと呼びかけた。生活クラブの取り組みはこれに呼応したものだ。

　米（庄内YOU遊米）や平田牧場の豚肉など、生活クラブの消費材の主要な生産地で「食料基地」と位置づけられている山形県庄内地方。ここでは生産者が中心になって、生活クラブの33番目の単協として「生活協同組合庄内親生会」が設立されたことはすでに述べた。さらに生産者らは、「庄内FEC自給ネットワーク構想」の実現に向けて動き出している。

　まずエネルギー自給に向けて、生産者らが電力会社「株式会社庄内自然エネルギー発電」を設立し、遊佐町内の採石工場跡地を活用して「庄内・遊佐太陽光発電所」が2019年に稼働を開始した。定格出力は18メガワット（1万8000キロワット）で、年間発電量は一般家庭5700世帯分に相当する1万8000メガワット時を見込む。発電された電気は、生活クラブエナジーや東北電力に売電するが、ゆくゆくは地元の公共施設、福祉施設などで使用することを構想しているという。太陽光にとどまら

ず、今後は地域に根ざした自然エネルギーとして、小水力発電やバイオマス発電などにも取り組む計画だ。

　発電所の完成と送電開始を記念して2019年5月に開催されたフォーラムでは、地元自治体である酒田市、遊佐町の首長も参加して、「庄内・遊佐太陽光発電基金創設に向けた共同宣言」の調印式がおこなわれた。同基金は、太陽光発電事業により得られた利益を地域に還元、新たな事業の立ち上げなどに活用して、循環型経済をつくりあげていくことを目的とする。

　庄内地方もご多分に漏れず、少子高齢化と人口減少に見舞われている。とくに雇用の受け皿が少ないため、若者層の流出がつづいている。基金は若者の働く場となる新たな産業づくりにも結びつくと期待されている。一方で、生活クラブと酒田市・遊佐町が検討してきたのは「参加型福祉コミュニティづくり」だ。

　生活クラブ組合員も高齢化が進み、老後をどこでどのように過ごすかを真剣に考える世代になってきた。一方で、これまでつづけてきた生産者との交流の歴史があり、庄内地方に親近感をもつ組合員は多い。生活クラブは、組合員のライフスタイルの選択肢の1つとして「庄内で暮らす」を提案する。まだ元気なうちに移住して、仕事をしながら、街づくりにも参加しようという考えだ。これまで移住のための学習会や説明会を開催したり、空き家の情報を提供したりしてきた。酒田市の観光資源でもある歴史的な「山居倉庫」前に、高齢者住宅の建設も決定している。すでに、庄内地方への移住や2地域居住を実現している組合員もいるという。

SDGsと生活クラブ行動宣言

　最近、メディアやネット上で、「SDGs」という言葉を目や

耳にしない日はない。SDGs は、2015 年にニューヨークの国連本部で開催された国連持続可能な開発サミットにおいて、全国連加盟国の合意により採択された「サステイナブル・ディベロップメント・ゴールズ」の頭文字を取ったもので、「持続可能な開発目標」と訳されている。SDGs は、2030 年までに人類が達成すべき 17 の目標と 169 のターゲットからなっている。

　2000 年 9 月に国連で採択された「MDGs（ミレニアム開発目標）」は、当時大きな問題になっていた発展途上国の貧困や飢餓の撲滅をはじめ、21 世紀の国際社会が取り組むべき 8 つの目標を 2015 年までに達成することを掲げた。

　ただ MDGs では、先進国による途上国への支援が重視されていた。しかし、期待したような先進国・富裕層からの「トリクルダウン（富のこぼれ落ち）」は起こらず、その間に先進国と途上国とのあいだの格差はむしろ拡大し、社会的少数者も排除されたままだった。

　こうしたことから、SDGs は、「誰一人取り残さない」ことをテーマに、先進国と途上国が一丸となってその達成に責任をもつとされた。「世代を超えて」「すべての人が」「自分らしく」「よくいきられる社会」を、次世代の子どもたちに残すために、その実現に全人類が責任をもとうという目標なのだ（図）。2020 年からの 10 年はそのための「行動の 10 年」とされている。

　生活クラブ連合会は、2020 年 6 月に開催された第 31 回通常総会で、SDGs に示されている 17 の目標と、生活クラブがこれまで取り組んできた活動との関連を、8 つの重要目標としてまとめた「第一次生活クラブ 2030 行動宣言」を決定した（表）。

　生活クラブ連合会会長の伊藤由理子は、「SDGs といっただけでよりよい社会がつくられるわけではありません。コロナ禍を経験した社会に生きる私たちは、『これからの社会をどう考えるのか』をきちんと打ち出す必要があります」と、そのねら

図　SDGs の 17 の目標

SUSTAINABLE
DEVELOPMENT G🌐ALS

表　第一次生活クラブ 2030 行動宣言

行動宣言	関連する SDGs 項目
1　食料主権の考え方を基軸とした、国内生産の追求と、公正な調達を行ないます。	12、2、8、14、15
2　素材本来の味、食材にまつわる知恵や文化を大切にして、健康で豊かな食の実現をはかります。	3、4、12
3　地球の生態系を維持するため、海や陸の環境保全と気候変動対策に取り組みます。	13、2、12、14、15
4　原発のない社会をめざし、再生可能エネルギーの生産と普及に取り組みます。	7、13
5　誰もがその人らしく、安心して生活を営める地域と社会をつくります。	11、1、3、5
6　貧困と孤立を見過ごさず、自立に向けて寄り添い、支え合い、多様な居場所と働き方をつくります。	1、2、4、5、8、10
7　非戦と共生の立場を貫き、平和で公正な社会をめざします。	16、17
8　情報開示と自主管理を基本とし、自ら考え、決め、実行します。	

数字のうち下線はおもな関連項目。8 は SDGs とは別に生活クラブ独自で定めた項目。

いを説明している（「ローカルSDGsで『コロナ後』を展望する」『社会運動』2021年1号）。取り組みとしてこれだけでは十分ではないと、調達先での人権や児童労働、プラスチック、気候変動、ジェンダー平等などの課題を盛り込んだ第二次宣言も準備しているという。

　さて、これまでみてきた生活クラブの組織や組合員の特質は、もちろんそれぞれの都道府県を基盤とする単協に受け継がれている。しかし、各単協は当然ことなる歴史をもつし、共通性を保ちながらも、地域に合わせて独自の取り組みを展開している。第2部では、千葉グループを構成するそれぞれの団体がどのように誕生し、どのように発展し、どのように活動し、連携しあっているのか、詳しくみていくことにしよう。

第 **2** 部

地域社会を支える
千葉グループ
ネットワーク

1│社会の課題を〝おおぜいの力〟で解決する生協
——生活クラブ生活協同組合千葉（虹の街）

機関紙にはグループの活動が満載

　生活クラブ虹の街（生活クラブ生活協同組合千葉の通称、以下「虹の街」）が毎月発行する『コルザ』を読んでいて、あることに気づいた。生協の機関紙といえば、通常は食のこと、暮らしのこと、食材や料理の紹介といった内容が中心である。ところが『コルザ』には、そんな話題は少しだけ。もちろん、消費材（第1部に書いたように、生活クラブでは取り扱う食材や品物を商品ではなく消費材と呼ぶ）にかんしてはカタログに詳しいから、ということもあろう。しかし、毎号「千葉グループからのお知らせ」というページがあり、ほかにも関連団体やブロック活動紹介が紙面を埋めているのだ。

　たとえば、2020年10月号の特集は「社会的養護の子ども支援」。「はぐくみの杜を支える会」や「ちばこどもおうえんだん」の紹介とともに、基金へのカンパを呼びかけている。2021年3月号は、ワーカーズ・コレクティブが特集テーマで、「配送ワーカーズ」（消費材配送を請け負うワーカーズ・コレクティブ）の歴史、作業内容、働くワーカーズの声などを載せている。

　あまり生協の機関紙らしくない。そのことを指摘すると、虹の街の理事長・福住洋美はほほえんだ。福住は『コルザ』の企画編集を担当する広報委員長も兼任しているという。筆者の反

応は、ねらいどおりのものだったのだろう。

▌ 生活困窮対策とユニバーサル就労

　連合会を形成しているとはいえ、地域に根ざす協同組合である生活クラブの各単協は、それぞれ独自の活動も展開している。ほかの単協と比べて、虹の街にはどんな特色があるのだろうか？　この問いに、福住が真っ先にあげたのは、「生活相談・貸付事業をもっていること」だった。

　「2015 年に、『生活困窮者自立支援法』が施行されたのですが、それ以前から千葉グループのなかで多重債務の問題などについて研究していて、困窮している人への金銭的な支援が必要という考えがありました。そこで、法律の施行にあわせて『くらしと家計の相談室』をはじめたのです」

　背景には 1990 年代のバブル崩壊以後の低成長や非正規雇用の増大で、多重債務を抱える人がふえている現実があった。さらに 2008 年から 2009 年にかけての「リーマンショック」（アメリカの投資銀行リーマン・ブラザーズの破綻がきっかけで、世界中に波及した金融危機）は、日本にも大きな影響をおよぼし、非正規労働者を中心に仕事を失い、生活に困窮する人が続出した。

　このようななか、千葉グループでは、ほかの団体と共同で 2008 年に「生活再生支援センター」の運営を開始した。千葉グループの VAIC コミュニティケア研究所（現・コミュニティケア街ねっと）が相談にあたったが、今日明日の暮らしにも困窮しているという相談者もいて、寄付を募って 2010 年に緊急小口貸付のための基金「アリエッティ基金」を創設した。アリエッティ基金は、生活困窮者の当座のつなぎ資金として 1 万円（その後 3 万円に増額）を限度に無利子で貸し付ける制度だ。

　2011 年の東日本大震災や福島第一原発事故も、雇用や経済

に大きな打撃を与えた。虹の街が2014年6月に組合員対象にアンケートを実施したところ、お金や生活のトラブルの経験がある人が33％もおり、19％はそのとき誰にも相談しなかったことがわかった。比較的世帯収入が高いといわれてきた生活クラブ組合員のあいだでも、貯蓄が少なく、経済的に余裕のない人がふえていた。生活困

虹の街理事長・福住洋美

窮者の問題は、虹の街にとってもけっして他人事ではなかったのである。

　このような状態で、自分や家族が病気やけがになったり、仕事を失って収入が減ったりしたら、とたんに行きづまってしまう。もし、誰にも相談しないまま、消費者金融などから高い金利でお金を借りてしまったら、利子の返済に追われるだけで、元金は一向に減らないどころか、さらに借金を重ねることになりかねない。一方、2007年には消費生活協同組合法が改正され、組合員に対して生活に必要な資金を貸し付ける事業が可能になっていた。こうした背景からはじめられたのが、「くらしと家計の相談室」だ。

　くらしと家計の相談室は、その事業の性質上、対象を組合員に限定していない。無料で相談でき、家計診断・家計相談をおこなったうえで、返済可能と判断されたら融資を受けることができる。ただし、貸付は生協としての事業なので、融資を受ける際には加入出資金を払って組合員になる必要がある。

　「こうした貸付制度を、単協としてやっているところはほかにあまりないのでは」と福住（生活クラブ東京はパルシステム連合会と共同で生活相談・貸付事業をおこなう「一般社団法人生活サポート基金」を運営。生活クラブ連合会加盟以外の生協では、宮城県のみやぎ

生活協同組合やグリーンコープ生活協同組合などが生活相談・貸付事業をおこなっている)。

　次に福住があげたのは、「焼きたてパンのお店、スワンベーカリー柏店」。スワンベーカリーは、障がい者の自立を目的にヤマト運輸株式会社とヤマト福祉財団が共同ではじめた、パンの製造・販売店舗だ。各店舗では障がい者が中心となって働き、賃金も応分に支払う。柏店では3人の障がい者が、スワンベーカリー本部から仕入れた冷凍パン生地を使ってパンを焼き上げ、それを袋詰め、販売、配達する。障がい者の就労の場所をと虹の街が手を挙げ、フランチャイズ店として2004年にオープンしたものだ。

　「虹の街の供給事業の1つではあるのですが、障がいをもつ方が働きやすいという視点でやっているので、生活クラブの消費材の基準とは少しちがうところがあります。ユニバーサル就労の一環ですね」

▌「自分たちもやる」という視点

　ほかに、子ども食堂や「ちばこどもおうえんだん」への支援の呼びかけなど、子どもの貧困問題への取り組みにかんする記事も目立つ。

　「(生活クラブ全体で取り組んでいる) 食・エネルギー・福祉をできる限り自給・循環させることをめざす『FEC自給圏構想』に虹の街も取り組んでいますが、現状では福祉分野が多い」と福住。食とエネルギーは、生活クラブ全国のグループ全体で取り組んでいることもあるが、それだけ地域に喫緊の課題がふえているということなのだろう。

　虹の街では「こども食堂基金」を設けて募金を集め、千葉県内の子ども食堂運営団体に助成するほか、子ども食堂に食材を

供給する県内のフードバンクへの支援もおこなっている。

　「子ども食堂支援のきっかけは、2016年夏に子どもの貧困を
テーマにした講演会で、参加者アンケートをとったことがはじ
まり」と福住。ひとり親世帯や貧困家庭で、十分な栄養が取れ
ない児童の存在がメディアに取り上げられ、各地に自発的な子
ども食堂が起ちあがっていたころ。千葉県内にも子ども食堂を
手がける団体や個人があった。アンケート結果に基づいて、各
ブロックで地域の子ども食堂に聞き取りをおこなったことが、
その後の活動につながったという。

　さらに、里親の推進や里親家庭の支援、社会的養護下にある
子ども・若者の支援などを目的に、千葉グループが県内のほか
の生活協同組合や労働組合などに呼びかけて2015年に起ちあ
げたのが「ちばこどもおうえんだん」だ。社会的養護とは児童
養護施設や里親などにより、実親と離れて養育する・されるこ
とをいう。後述するように、2013年に君津市に児童養護施設「風
の村はぐくみの杜君津」が開所した。入所する子どもたちの暮
らしや自立を支援するために設立されたのが「はぐくみの杜を
支える会」だ。その活動のなかで、県内の社会的養護下にある
子どもたちへと活動の対象を広げようとはじまった活動であ
る。

　「子ども食堂（にやってくる子どもたち）にしても、社会的養護
下の子どもたちにしても、組合員にとってあまり身近な問題で
はないかもしれない。しかし、自分ごととして考えてほしいと、
ていねいに発信しています」（福住）

　2018年には、流山市の「デポーおおたかの森」の2階に、
保育施設「小規模保育おおたかの森」が開設された。保育園に
なかなか入園できない待機児童問題がクローズアップされてい
た時期であり、新たにデポーを建設する際には、子育て支援事
業に取り組むという方針が決められていたという。定員19名

小規模保育おおたかの森の子どもたち

と小さな保育所だが、食育にこだわり、生活クラブの食材を使った食事が提供されている。また、地域全体で子育てをするという考えから、地域の組合員らを中心にボランティアが保育園を支援している。

　福祉分野といえば、もうひとつ『コルザ』によく登場するのが、「エッコロ福祉基金」。エッコロとはイタリア語で「はい、どうぞ」という意味で、生活クラブは1986年に組合員のたすけあいを目的に「エッコロ共済」をスタートさせている。組合員は毎月100円の掛金を支払うことで、病気やけが、災害などの際に、あるいは家事援助や託児、組合員活動における災害や被害に対して、保障やケアを受けることができる。小規模な共済だが、金銭的な保障だけでなく、ケアが必要な人には紹介するしくみもある。

　虹の街は、1998年に掛金100円のうち25円を積み立て、地域福祉充実のための活動や事業に助成する制度をはじめた（2020年からは20円）。これが「エッコロ福祉基金」だ。エッコロ福祉基金はさらに、「エッコロ福祉助成」と「エッコロファンド」に分かれ、エッコロ福祉助成は、県内で活動する福祉関

連団体・事業を対象に、総額200万円、1団体あたり助成額上限30万円を助成する。申請後、選考を経て助成が決まる方式で、対象は生活クラブ関連団体に限らない。一方、エッコロファンドは、虹の街が運営する福祉事業に対して助成するもので、スワンベーカリー柏店、小規模保育おおたかの森、くらしと家計の相談室、アリエッティ基金などが対象だ。2020年度はコロナ禍で事業縮小を余儀なくされ、経営が厳しくなったワーカーズ・コレクティブに対する支援として、繰越金から緊急助成をおこなった。

「生活クラブ安心システム」「街の縁側」は千葉グループとしての取り組み。これについては、「コミュニティケア街ねっと」のところで詳しく紹介しよう。

子ども食堂の支援やちばこどもおうえんだんなど、虹の街には生活クラブ内部、あるいは千葉グループを超えた活動も多い。「基本にあるのは協同組合精神。協同組合原則の7にある『コミュニティへの関与』が根底にあります。自分たちだけでなく、コミュニティの持続的な発展のために活動するのが協同組合の基本であって、地域社会全体への配慮が必要。それには地域のほかの団体と協力し、連携し、ときには頼る、そんな関係性も必要だと思っています」と福住は語る。「大切なのは、『自分たちがやる』ではなく、『自分たちもやる』という視点ですね」。

▌FEC自給圏のモデル

福住は、環境問題にかんする発信にも力を入れている。

「SDGsにしても環境が基礎にあり、環境問題に対する共感を広げることが大事だろうと。自分の苦手な分野でもあるので、もっと知りたいという気持ちもあります（笑）。そもそも生活クラブって、昔から環境問題に取り組んできているんですよ。

それをあらためて確認する意味もあります」

　もちろん食の安心安全も環境につながっていることは間違いない。

　一方、2020年春以降の新型コロナウイルス感染症の流行で、一時期スーパーマーケットの棚から、マスクや消毒用エタノールだけでなく、トイレットペーパーや洗剤、米、パン、小麦粉などの日用品・基礎食品までが消えたが、とくに輸入品は影響が長くつづいた。一方、生活クラブの消費材はほとんどが国内生産で、しかも原材料の国産比率が高く、自前の物流、計画共同購入のしくみにより、欠品は少なかったという。

　「コロナ禍で、いかに私たちの生活が輸入に頼っているかがわかって、国内自給力がクローズアップされました。これをきっかけに、国内の生産者を大事にし自給率を高めることの重要性もこれまで以上に発信していきたい」

　食とエネルギーの観点では、社会福祉法人生活クラブ（風の村）と共同で運営する八街市の「生活クラブ・虹と風のファーム」がある。「八街の生活クラブの提携生産者の方が、ご自分のもつ農地1ヘクタールを提供してくださった。その一部でソーラーシェアリングをやりたいと準備を進めています」（福住）。

　ソーラーシェアリングとは、農地の上方にすき間を空けて太陽光発電パネルを設置し、農地では作物を栽培しながら、発電もおこなうというシステム。ほとんどの作物は一日中フルに日射が当たる必要はないため、農業と発電の両立が可能。パネルと農地で太陽光をシェアすることから、ソーラーシェアリングと呼ばれる。電気は生活クラブエナジーに売電し、「生活クラブでんき」として供給される計画だ。

　もともと風の村は、2016年から佐倉市で「福祉農園・風の村ファーム」を開設していた。福祉作業所「風の村とんぼ舎さくら」の利用者らが野菜をつくり、それを漬け物などに加工し

生活クラブ・虹と風のファーム八街

て販売するユニバーサル農業の実践の場。これを八街の農地と
あわせて「生活クラブ・虹と風のファーム」に再編した。つま
り、食と福祉の取り組みだったのである。そこにエネルギーが
加われば、規模は小さいながらも「FEC自給圏のモデル」に
なる。

　生活クラブ・虹と風のファームでは、虹の街組合員もイベン
トやボランティアなどで農作業に参加できる。とれた作物はデ
ポーで販売したり、風の村の施設で食材に使われたりもする。

　「作物がつくれて、障がい者の働く場にもなり、エネルギー
も供給できる。いろんな可能性がある場」（福住）と夢が広がっ
ている。

▎人材発掘の学校

　福住が生活クラブに加入したのは、2005年のこと。柏セン
ターの職員に友人がいて誘われたのだという。友人には「なん
か好きそうだから」といわれたそうだ。それまで生活クラブの
ことはまったく知らなかったという。加入時は個人宅配だった
が、すぐに班を結成し班長を務めた。しかし3年間は「ふつう
の組合員だった」（福住）。

　「班長になると、あちこちにかり出されるんです。集会とか、対話とか、生産者交流会とか。流山支部の総会にも参加するようになって、会計報告や事業報告にも目を通したりするようになった。生産者の話、価格のしくみ、いろいろなことを知ることができるわけです。以前のようにただお店で買っているだけでは、けっしてわからなかったことも。活動範囲が広がり、いままで知らなかったことを知り、学んでいくことは楽しかったし、知的好奇心をくすぐられた」

　そうした体験を通じて、社会の課題にも目が向くようになったという。いつしか「生活クラブってけっこうおもしろいな」と思うようになっていた。誘った友人の直感は見事に当たったのだ。

　さらに３年間支部リーダーを務める。支部リーダーになると支部の情報はもちろん、本部や連合会、ほかの単協の情報も入ってくる。生活クラブとしてこれからどういうことをやっていくのか、どういう方向に進んでいくのか、組織運営に関わっていることを実感できた。「自分たちで決めて実行するのは活動の醍醐味だし、楽しみでもあります。しかも、そこに共感しあえる仲間がいるわけですよ」。そう話す福住の目は輝いていた。2011年に理事になり、2015年に副理事長に、そして2019年に理事長に就任した。

　福住の自宅は流山市にある。「生活クラブ千葉（虹の街）の発祥の地が流山だと、入ってから知ったんです。きっと縁があったんだなと思いました」。

　ところで生活クラブの役員は、一定期間で交代していくことが通例。それにしても、よく次つぎに引き継いでいく人材がつづいていくものだと感心する。そこはどうなっているのか。

　そのために福住は、「学びや気づきの機会をつねに用意して、活動が楽しいとか、わくわくするとか思ってもらう仕掛けが大

事」だという。

　生活クラブは「人材発掘の学校」だというのは、前理事長の木村庸子だ。

　「よく『一本釣り』といういい方をしますけど、この人いいなと思ったら離さない（笑）。活動の面白さを感じてもらうために、声を掛ける側がステージを用意しておく。うまく役割をくっつけていく。一定の役割をやっていくなかで、次のステージに移っていくことができる。そういうやり方が脈々とつづいているんじゃないかと思います」

　さらに「組合員たちが納得するものを、話し合い試行錯誤しながらつくりだしてきたのが生活クラブという組織。同時に、おおぜいの私の力によって社会の課題を解決してきた。そこに関わることは一種の成功体験」なのだと、木村はつづけた。

　そうした成功体験が自信につながり、次つぎと新しい課題に立ち向かおうとするエネルギーにもなっていくのだろう。「オリジナル消費材をもたなかったころとちがい、消費材がひととおりそろってきたいま、新しいものをつくりだす醍醐味を味わえるのは何かといったら、福祉であったり、環境やエネルギーであったりするわけです」。なぜ、こんなにさまざまな活動をやっているのか、木村の説明で少し腑に落ちた気がした。

　決めるのはあくまで組合員だが、決まったらそれを実現するために全力でバックアップする職員組織の存在も大きいと、木村はつけ加えた。それも含めて生活クラブの伝統なのだろう。

　さて、冒頭の続き。虹の街の特色について、3番目に福住があげたのは千葉グループだった。「千葉グループというネットワークで連携しながらさまざまな社会の課題にあたる、というスタイルはほかの単協にはない」。千葉グループとは、多様な社会の課題を解決するために広がってきたフィールドであり、活動のための次のステージでもあるのだろう。

変わる組織、変わらぬ伝統

　しかし、こうした生活クラブの伝統も、時代とともに変わらざるをえなくなっている。

　福住や木村自身もそうだったように、初期のころから生活クラブの発展を支えてきたのは「主婦」であり、主婦が集まってつくる「班」だ。虹の街の組織も、設立以来班が基盤にあって、地域ごとに班がまとまった支部、いくつかの支部が集まったブロック、そして本部（虹の街）と構成されていた。これまでの組合員活動は、多くがまず班長、次に支部のリーダーを務め、ブロック理事や本部理事と、経験を積むにつれて活動のフィールドを広げていくのが常だった。

　ところが、女性が結婚や出産を機会に勤めを辞めることは、しだいに少なくなった。「主婦」という存在そのものが減少してきたのだ。当然のように、組合員活動に参加する時間もつくりにくくなっている。暮らしの変化に合わせて、デポーや個配（個別配達）を選択する組合員がふえて、組合員同士の交流も減ってきている。実際、2000年代の後半になると、支部リーダーのなり手がいない事態にもなった。役員ひとりが活動に費やせる時間も、以前に比べると少なくなっているという。

　そこで、虹の街では2013年に支部を廃止、ブロックの下はすべて「個（人組合員）」というフラットな形態に組織を改革した。班も存在するが、活動は基本的に個人参加ということにしたのである。

　福住は、「『個』をつなぐしくみとして、『対話の場』や『コミュニティ』『活動サポーター』『ワーク参加システム』『フォーラム』『デポーチーム』『エリアチーム』などの活動がある」と説明する。

　「コミュニティ」は、何かをしたい、という自発的な集まり

である。テーマは食でも、子育てでも、あるいは趣味でもいい。メンバーは2名以上で、組合員以外の参加も認められる（ただしメンバーの半分以上が組合員であること、代表者が組合員であることが条件）。テーマと計画を立てて申請すると、組合員活動として活動費の補助が受けられたり、エッコロ共済の託児ケアシステムが利用できたりする。ほかに講座や体験会の開催を支援する「コミュニケーションひろば」という講師登録制度もある。いずれも、組合員の地域交流を広げるための制度事業だ。

「活動サポーター」は、登録制で企画の立案に参加したり、チラシを配ったりと、さまざまな活動の手伝いをする。少額だが手当が出る。デポーでの野菜の袋づめや棚の整理などの「ワーク」に参加すると、買い物券がもらえるのが「ワーク参加システム」だ。

「フォーラム」は、消費、環境、福祉など各委員会と連携し、ブロックごとにそれぞれの方針に基づいてFECに関する活動を広げていく活動だ。

それほどきめ細かに、組合員の参加の機会を設けているのだが、それでも日常的に役員と組合員が、あるいは組合員同士がコミュニケーションを取ることはなかなか難しくなってきている。しかし、コロナ禍でオンラインでのイベントや学習会をやってみたら、仕事があったり小さな子どもがいたりして参加できなかった組合員の参加がふえたという。

生活クラブに加入するきっかけは「食（の安心安全）」であることが多いだろう。しかし食にとどまらず、環境や福祉や社会のもろもろの問題に関心をもつ組合員は、「個」の時代になっても確実に存在するのだ。木村によると、虹の街やブロックの活動には顔を出さないけれど、地域のNPOなどで活動している組合員がいて、たまたま会って話をしてみたら「実は組合員」ということもよくあるという。

　それにしても、本来は行政がやるべきことを生活クラブは
やっているのではないか？　「生活クラブがやっていることは、
制度のすき間を埋めること。すき間があると思ったら、まずは
実践してみせることで、制度にのせていく。千葉に限らず、生
活クラブはずっとそうしてきた」と木村は答えた。
　そのためには、必要ならば政治の力も使う。地方議会に議員
を送り続けてきた「代理人運動」も、社会課題解決へ向けた重
要なルートだ。消費生活協同組合法は、組合を特定の政治団体
のために利用してはならないと定めているため、生活クラブと
政治団体としての市民ネットワークちばとは組織としては一線
を画しているが、代理人は志を同じくするなかまである。代理
人は基本的に2期〜3期で交替する。そのあとは虹の街や千葉
グループの活動に戻ってくる人も多い。代理人もまた活動ス
テージの1つなのだ。

参考資料
『生活クラブ千葉40周年記念誌「40年のものがたり」』
2016年

2 ┃ 合成洗剤追放から「まちづくり」へ、理想は続く
──NPO法人せっけんの街

┃ 直接請求運動からせっけん工場の建設へ

　1985年3月、千葉県柏市北部の農地と工場に挟まれた一角に、鉄骨造りの小さな工場が完成した。「手賀沼せっけん工場」と名づけられたその工場で、地域の家庭から集められた廃食油（揚げ物など料理に使ったあとの食用油）を原料に、洗濯用の粉せっけんが製造されはじめた。

　第1部に書いたように、「手賀沼を守ろう！　合成洗剤追放市民会議」による、直接請求運動は成功裡に終わった。地区におけるせっけん利用率も上昇した。しかし、時間がたつにつれ、せっけん利用率はしだいに低下していった。

　こうした傾向は琵琶湖条例ができた滋賀県でもみられた。運動の盛り上がりにあわせてせっけん利用率は上がるが、目的（条例の制定）が達成されてしまうと関心が薄れていってしまうのだ。条例ができただけでは、せっけんの普及には限界がある。関心と問題意識を持続させ、活動を日常のものにしていけるような取り組みが必要だった。

　そのころ知ったのが、滋賀県の「琵琶湖を汚さない消費者の会」が、家庭の廃食油を集めて県内にある小さなせっけんメーカーに持ちこみ、洗濯用粉せっけんを生産してもらい、それを使う運動をしていることだった。もともと粉せっけんの原料の

一部には、食品加工メーカーや飲食店などから出る廃食油が使われていた。廃食油、それも家庭から出るものだけでも粉せっけんができるのだという。合成洗剤とともに汚染の原因となっている廃食油がせっけんになるなら、一石二鳥だ。

　1982年2月、「せっけん工場設立についての懇談会」が我孫子市内で開催された。呼びかけ人は、当時生活クラブ千葉専務理事だった池田徹と我孫子市通所福祉作業所の林和幸のふたり。懇談会には、3市1町の障がい者福祉団体や生協、消費者団体から24人が参加、せっけん工場設立に向けて協力しあうことを確認した。このように当初から、環境問題と障がい者社会参加の問題をつなぐ事業として、せっけん工場は構想されたのだった。

　3月には設立準備会が発足し、建設をめざして活動が開始された。

　しかし、用地の確保に難航した。みつかったのはようやく1984年4月だ。全国紙の千葉版に、せっけん工場建設が用地がみつからずに暗礁に乗り上げている、と紹介されたことで、情報や申し出があり、そのなかから柏市内の工業団地の一角を借りることで決着したのである（せっけん工場は工業地域か準工業地域でなければ建設できない制約があった）。それが現在の手賀沼せっけん工場の建つ場所である。建設期間を考えればまさにギリギリだったが、用地が確保できればそのあとの動きは速かった。

　5月には「手賀沼せっけん共有者の会（共有者の会）」を結成し、1口1000円で出資者を募った。3000万円の建設資金のうち、約1万人の出資者から1300万円が集まった。生活クラブ千葉からも1000万円が出資された。残りの資金は銀行から借り入れることができた。

　こうして1984年10月に「株式会社手賀沼せっけん」が設

立され、初代社長に池田徹が就任した（ただし池田によると、現場のことは何もしていないという）。冒頭のように、翌1985年3月に工場の完成にこぎつけ、初めてせっけん釜に火を入れる「初釜」がおこなわれたのである。

　この1口1000円の共有運動は、その後太陽光発電や風力発電の建設などでおこなわれるようになった、市民出資方式の先がけともいえる。「共有者の会」という名称には、せっけん工場とともに、せっけん運動も共有しようという思いが込められていた。できた粉せっけんは「せっけんの街」と名づけられた。

　この年、生活クラブ千葉は、「ちば・せっけんの街運動」という3か年計画を立てる。そこには、次のような基本理念が掲げられていた。

1　自然と人が共生する街
2　人と人がともに育ち、横の人間関係を広げる街
3　使い捨てではなく、リサイクルによって成り立つ街
4　個人の自立によって、地域社会をおおぜいの私で運営する街
5　働く意味を考え合い、労働の価値を高めていける街
6　多くの人が生活の場で働くことができる街

　ここには、せっけんという言葉も合成洗剤という言葉も出てこない。共有者の会の当初からの会員で、その後「せっけんの街運動」に中心的に関わるようになる若月眞弓はいう。

　「はじめは合成洗剤追放運動からはじまったけれど、やっているうちに気づいたんです。私たちのやっていることは街づくりなんじゃないかって。私たちがめざす街はせっけんを軸とするけれども、それだけじゃない。おおぜいの人が参加することで社会も変わる、そのために、参加を呼びかけていくんだと」

　先に書いたように「加害者であることの気づき」、生活クラ
ブ以外の団体・組織とともに運動したこと、最初から障がい者
がともに働ける場として計画されたこと、そして多くの市民か
ら出資を集めたことなど、その後の千葉グループにつながるさ
まざまな試みが、ここでなされている。そのめざすところは、
手賀沼周辺にとどまらない、普遍的な「せっけんの街」なのだ。
　障がいのある「コージさん」は、学校を卒業してすぐにせっ
けん工場で働きはじめ、いまも働きつづけている。釜の底のせっ
けんをバケツに入れて出す作業や、粉砕の作業を担当している
彼を、ほかのメンバーも大いに頼りにしているという。
　実はせっけん工場が完成した直後に、筆者はせっけん工場を
見学したことがある。自然保護や環境問題に関心をもちはじめ
たところで、しかもその解決のために市民らが自らお金を出し
あって工場をつくってしまった、たいへんユニークな活動だと
興味をもったのだ。そのときは常磐線柏駅からバスに乗って現

工業団地のはずれに建つ手賀沼せっけん工
場。看板には㈱の文字が残る

現在も使われるせっけん工場の大釜（鹸化
釜）

地に向かった記憶がある。現在は工場の近くをつくばエクスプレスが通り、歩いて10分ほどの距離に柏たなか駅ができていた。そのまわりには戸建住宅やマンション、ビジネスホテルなどが立ち並ぶ。周辺がすっかり様変わりしたなかに、手賀沼せっけん工場は、ほぼ変わらない姿で建っていた。廃食油に苛性ソーダを加えて加熱する、高さ2メートル、直径2メートルの円筒型の大釜もそのままだ。ただし、当時燃料は廃木材を使っていたが、その後灯油バーナーに変更されている。

広がるせっけん運動

　せっけん工場が完成し、実際にちゃんとせっけんができた。しかし、それが終わりではない。「廃食油からせっけんをつくる」とひと口にいっても、どのようにして廃食油を集めるのか。本格的に操業となれば、毎月8000リットルもの廃食油が必要になる。スタッフが一軒一軒を回って集めるなど、とても無理だ。それには「おおぜいの私の力」を借りる必要がある。共有者の会は、出資を集めるだけでなく、廃食油の回収、せっけんの販売と普及にともに取り組むという位置づけで結成されたものだった。

　工場の完成に先がけて、せっけんを売る拠点となるせっけんセンターの募集がはじまり、完成時点で手賀沼周辺3市1町を中心に、船橋市、習志野市、千葉市などに、382か所のせっけんセンターが登録されていた。回収については、2段階でおこなうことにした。各家庭は廃食油をまず回収ポイントに持ちこむ。回収ポイント4〜5か所に1か所の回収ステーションを設け、回収車が2か月に1回程度回収ステーションを回って廃食油を集めるのである。廃食油は1リットルあたり25円分のせっけんと交換できた。

　せっけん工場に運ばれた廃食油は、いったんタンクに移して油以外の不純物を沈殿させる。上澄みを先ほどの大釜に移し、加熱しながら苛性ソーダの水溶液を加え、反応（鹼化）させるとせっけんの結晶ができていく。この工程を「せっけん焚き（または釜焚き）」と呼ぶ。

　せっけん焚きには早朝から丸1日かかる。釜のなかで結晶ができると、火を止めせっけんを冷やす（せっけん素地）。翌日、せっけん素地をポンプでくみ上げ、ミキサーでソーダ灰（無水炭酸ナトリウム）と混ぜ合わせる。さらにスコップで天地返ししながら2〜3日寝かせたあと粉砕すると、粉せっけんができあがる。コンテナのなかで約1か月乾燥熟成ののち、計量して袋詰めされる。こうした工程はいまもほぼ変わらない。こう書くと簡単なようだが、力仕事でもあり、季節や天候によっても変化する作業のタイミングを見極めるには、経験とノウハウの蓄積が必要だ。

　かつては1700リットルの廃食油を一度に焚いていたが、現在では1回に釜に入れる廃食油の量は1300リットルという。焚く回数も減った。その理由はのちほど述べる。

　創業以来、粉せっけんの製造は順調に進み、生産量は月10トン近くに達した。販売は生活クラブの共同購入とせっけんセンター、さらにはせっけん工場独自で東葛地区（千葉県北西部）のスーパーマーケットやデパート、ドラッグストアなどに飛び込み営業をかけ扱ってもらった。こうして徐々に販路は広がっていったが、それでも販売量は十分ではなかった。さらに、せっけん製造の技術指導を受けた滋賀県のせっけんメーカーとの契約で買い取らなければならなかった粉せっけんも加わり、在庫が積み上がってしまった。

　いくら廃食油を回収し、せっけんをつくっても、せっけんの利用が伸びないのでは、リサイクルは進まない。せっけんを購

入しないと廃食油を回収しないというルールの徹底、買い取り運動、共同購入・販売網の拡大など、さまざまな対策を講じて、ようやく経営が好転するのは1989年のことである。

　1989年には環境庁（現・環境省）のエコマーク（環境保全型商品・サービスに対して認定する制度）を取得。1994年には、第1回アジアせっけん会議が八街市で開催されるなど、せっけん運動は海外へも広がった。水俣せっけん工場（熊本県）が製作したせっけんミニプラントの普及にも取り組み、全国の障がい者作業所などに導入された。さらに、フィリピンやモンゴルなどでのせっけん工場建設・運営を支援するようになる。そして、1994年、念願だったもうひとつのせっけん工場建設へと踏み出したのだった。

印旛沼せっけん情報センターの建設

　手賀沼の下流に位置し、成田市、佐倉市、印西市などの自治体を周辺にもつ印旛沼地域にせっけん工場を建設するという構想は、手賀沼せっけん工場建設当時からあった。両沼は千葉県を代表する沼であり、かつ全国ワースト1、2を争う汚染のひどい沼だったからだ。しかし、手賀沼せっけん工場の初期から工場長を務めた岩波則康によれば、それは「夢や願望に近い想い」だったという。ところが10年たってその思いが動き出す。

　手賀沼にせっけん工場ができた1985年の状況から、人びとの環境に対する意識は大きく変わってきた。1990年前後には、オゾン層を破壊するフロン問題、そして地球温暖化問題がクローズアップされ、いわゆる「地球環境問題」に大きな関心が集まるようになった。

　1990年12月、生活クラブ千葉下総ブロック（現・佐倉ブロック）の第一次中期計画のなかに、「手賀沼せっけん工場に続く、

第二の市民によるせっけん工場を印旛沼周辺地域に建設できるよう、各共有者の会と協力し地域に働きかけます」という1項目が明記された。主導したのは生活クラブ千葉の理事(当時)で、せっけん運動に熱心に取り組んでいた吉本貴美子だった。

　翌年4月からは学習会や見学会などを次つぎと実施、反対の声もまだ多かった第2工場建設に向けて足場を固めていく。ただ、その動きは共有者の会や手賀沼せっけん工場とはかけ離れたところで進んでおり、1991年12月の学習会に呼ばれた岩波は、この時点ではあまり積極的にかかわる気持ちをもてないでいた。

　しかし、これまで岩波が海外の小規模せっけんプラントの設計にたずさわった経験から、新しいせっけん工場の私案をつくってみると、意外や十分に経営が成り立ちそうだとわかった。運営主体は女性とし、100坪の土地で、女性でも作業がしやすいように規模を小さくして月産は4トン。岩波は学習会にこの私案をもって臨む。

　翌1992年1月の共有者の会幹事会では、具体的な計画が示された。2年後の操業開始をめざし、建設委員会を立ち上げることも提案された。唐突な提案に戸惑いもあったが、9月には印旛沼せっけん工場建設委員会が発足した。手賀沼せっけん共有者の会は、せっけんの街共有者の会に改称した。

　建設委員会では、必要資金を2100万円と見積もり、そのうち、市民出資を800万円、生活クラブ千葉が500万円、行政・企業関係300万円、手賀沼せっけん工場200万円、共有者の会300万円を集めるという目標を立てた。すでに手賀沼せっけん工場の活動実績があったため、共有者の会の資金集めは順調に進んだ。しかし、行政や企業からの資金はなかなか集まらなかった。そんな折に、環境庁の外郭団体である環境事業団（現・独立行政法人環境再生機構）が、1993年度から環境保全に関する市

民団体や公益活動法人の活動に助成する「地球環境基金」をは
じめるという情報を得てこれに応募、450万円（のちに廃油回収
車の費用として100万円が増額）の助成金が得られたことで資金の
めどが立った。

　資金集めと並行して工場用地探しがすすめられた。しかし、
手賀沼のときと同様、用地はなかなかみつからなかった。1993
年1月になって、酒々井町にある千葉県人権研修センター（現・
一般社団法人千葉県人権センター）から、敷地内の一部を提供して
もいいと連絡があった。しかし、工場を建てることには人権セ
ンターの事業上の制約があった。ただし、せっけん運動の普及
啓発や研修、その一環でせっけんづくりをおこなう拠点であれ
ば、問題ないという。もともと、生産は小規模にしかおこなわ
ないし、市民参加によるせっけん運動の拠点として位置づけて
いたことから、この条件にまったく問題はなかった。印旛沼せっ
けん工場は「印旛沼せっけん情報センター」という名称になり、
共有者の会が資金をまとめて建設したうえで、人権センターか
ら賃借するというかたちに決まった。

　こうして、1994年10月には建物と設備が完成、翌年1月に
初釜焚きを迎えた。

　先述のように、印旛沼せっけん情報センターは、月産4トン、
女性によって運営されることを想定していた。若月眞弓、山部
佳子、吉本貴美子らが、ワーカーズ・コレクティブ萼を結成し、
せっけん情報センターの運営をになうことになった。萼は釈迦
尊が座る蓮の花の形をした台座のこと。せっけん運動を支える
縁の下の力持ちになれれば、という思いを込めた命名という。
初釜焚きに先だって、若月と山部の2人は、手賀沼せっけん工
場の岩波からせっけんづくりの指導を受けたが、岩波もこの新
しい小型釜でのせっけん焚きははじめてで、手さぐりの試運転
となった。

　ワーカーズ・コレクティブ萼はその後解散することになったが、その名前は固形せっけん「うてなちゃん」（1998年販売開始）に引き継がれている。固形せっけんは、印旛沼せっけん情報センターで開発されたもので、廃食油2に対して牛脂を1の割合で配合し、苛性ソーダを加えてつくる。その後、型に入れて固め、水分を飛ばすために棚でひと月ほど寝かす。その様子はチーズを熟成させるのにも似ている。

　同センターでも、初めは粉せっけんを製造していたが、現在は固形せっけんの「うてなちゃん」のほか、バケツ入り固形せっけんの「バケツ君」、液体せっけんの「ジェルせっけんこはく」、台所用液体洗剤「おれんじ」を製造、手賀沼せっけん工場はそれぞれ成分と用途がことなる「せっけんの街」「あんしん」「萌」の3種類の粉せっけんを製造と、両工場は製品を切り分けている。

印旛沼せっけん情報センターの鹸化釜

印旛沼せっけん情報センターで寝かされる固形せっけん「うてなちゃん」

非営利活動法人への改組

　1999 年 11 月、「手賀沼せっけん共有者の会」は、「特定非営利活動法人（NPO 法人）せっけんの街」として再出発する。前年に国会で特定非営利活動促進法（NPO 法）が成立したことを受けてのことだ。ワーカーズコレクティブ千葉県連合会とならんで、千葉県内での NPO 法人承認第 1 号だった。

　もともとせっけんの街は非営利活動。財団法人をめざすという考えもあったが、発足にあたって高額の基本財産が必要など、財団法人の設立は市民活動にとってハードルが高かった。

　「それで、手賀沼せっけん工場は株式会社でスタートしたんです。活動を支えるのは共有者の会という位置づけでした」。生活クラブ千葉の元理事で、「せっけん委員」として初期のころから活動を担ってきた、現・せっけんの街副理事長の川野美津子が説明する。2002 年には、手賀沼せっけん工場、印旛沼せっけん情報センターを NPO 法人せっけんの街に統合、ワーカーズ・コレクティブ蕚も解散して、NPO に合流した。

せっけんの街で取り扱っている品々

　現在、印旛沼せっけん情報センターで工場長を務める鈴木裕子は、若月眞弓の娘だ。母娘2代で、せっけんづくりに携わっている。子どもが幼稚園に入ったタイミングで、最初は1日3時間程度、液体せっけんの充てん作業を手伝ったのが最初の仕事。現在は理事兼せっけんづくりの全工程を担当する工場長であり、営業もカタログの制作も担う。インターネットを通じた情報発信も手がけている。「せっけんの街をピーアールし、粉せっけんの使い方をわかりやすく説明する動画もつくりたい」と思うが、なかなか時間がとれないのが悩みだという。

　長年の取り組みが評価され、せっけんの街は、2016年に国土交通省の外郭団体である日本河川協会が、「健全な水循環の構築」をテーマに、民間団体や地域の活動を顕彰する第18回水大賞・市民活動賞を受賞するなど、数々の賞を受賞している。副理事長の若月は「自分たちの生活を変えていこうと、身の丈に合った活動をずっと続けてきたことが評価されたのでは」という。

NPO法人せっけんの街のスタッフ。左から副理事長・川野美津子、副理事長・若月眞弓、理事長・道端園枝、理事・事務局長兼手賀沼せっけん工場長の阿部朋

　その一方で活動は様変わりしてきている。

　「もともとは家庭が回収の拠点になり、またせっけんの販売拠点にもなるというかたちでリサイクルを回していたのが、生活スタイルが大きく変わって、運動のやり方自体がずいぶんちがってきた」と若月。共働きで昼間は家にいないため、回収ポイントや回収ステーションでの廃食油回収もせっけんの販売も難しくなった。そもそも高齢世帯はあまり揚げ物をしないし、若い世帯は共働きで揚げ物は惣菜として買ってくることが多い。家庭で揚げ物をする機会も世帯人数も減り、廃食油があまり出なくなっているのだという。共有者の会発足当時から、回収ポイントをつづけている会員もまだいるが、高齢化は否めない。現在の廃食油の供給元は、学校や保育園や事業所などが中心になっている。

　一方で、行政による家庭廃食油の回収（行政回収）も進んでいる。「私たちが働きかけてきたことでもあり、千葉県内の自治体で行政回収が進んできたのはいいこと」と若月はいう。我孫子市が行政回収した廃食油は、せっけんの街が引き取っている。

　このように、個人が参加して見えるかたちで廃食油をリサイクルするという運動は、時代とともに変化せざるをえなくなっているが、「全体でのリサイクルの輪はいまでもきちんと回っている」と若月は強調した。「せっけんとつながらない回収はしない。廃食油を出したところはせっけんを使ってもらうのが条件」なのだという。我孫子市でも、せっけんの街のせっけんを購入し、給食室で使ったり市民に配布したりしている。給食調理に使った油を回収している成田市の市立保育園にも、せっけんを納めている。

　せっけんの街では現在年間約20トンの廃食油を回収しているが、回収量は売れる量に依存している状態だという。廃食油

でつくったせっけんが売れる以上には回収できないからだ。当然ながら、せっけん焚きの回数も1回で焚く量も減った。

　その一方、洗濯用の粉せっけんだけだったせっけんの街の取り扱い品目は、印旛沼せっけん情報センターで開発された固形せっけんや液体せっけん（洗濯用・台所用）など、ラインナップが広がっており、現在では環境に配慮した商品の販売もおこなっている。仕入れ品（一部はせっけんの街でブレンドしたうえでパッケージングしたもの）としては、環境保全型の仕上げ剤、トイレや風呂のクリーナー、虫除け剤、害虫忌避剤、土壌改良材などを取り扱い、粉せっけんや液体せっけんを含めて、せっけんの街のインターネットサイトを通じて買うこともできる。ジェルせっけんの「こはく」と仕上剤の「ほのか」は、生活クラブの組合員とともに開発した。

　2015年から普及活動に取り組むのが、「雨水タンク」だ。手賀沼や印旛沼周辺は市街化が進み、地面がコンクリートやアスファルトでおおわれて、降った雨が地下に浸透しなくなった。降れば、地表を一気に流れて都市洪水を引き起こす。汚れやゴミを集めた雨水が河川や沼に流れ込んで、汚染をもたらす。地下水の減少で湧き水も減ったため、雨の少ない時期には水量が減り、汚れが濃縮されるほか、小さな魚のすみかや産卵場所も奪ってしまう。

　降った雨水をタンクに貯めておき、散水、花壇の水やりなどに使えば、上水道の節約になるだけでなく、時間差で浸透させることができる。降った水をいったん受けとめておく街のダムとして機能するのだ。地下水のかん養にもなり、非常用水としても役立つ。一石二鳥どころか三鳥にも四鳥にもなる。雨水タンクがふえればふえるほど効果は上がるので、自治体でも購入に補助制度を設けているところが多い。

　環境商品の取り扱いがふえてきたことについて、若月は「生

活のなかでよりよい選択、より環境にやさしい選択をしてほし
い。それを提案するのも私たちの仕事だと考えて広げてきた。
私たちが紹介したいと思うものを扱っている」という。せっけ
んの街がめざすイメージに合致するものであれば、せっけんと
は限らないというのだ。

　ただ、軸はあくまでせっけんである。リサイクルせっけんの
利用が頭打ちになっているその背景には、せっけん運動そのも
のが次第に下火になってしまった現実がある。

　「生活クラブ北海道にはいまだに『せっけん委員会』があって、
組合員にもせっけんが浸透している。千葉でも、せっけんを使
う生活を組合員や千葉グループのなかにもっと浸透させていく
必要があると思っています」と道端はいう。

　手賀沼、印旛沼周辺では下水道普及も進み、汚水が直接手賀
沼や印旛沼に流れ込むことはほとんどなくなった。生活排水が
汚染の直接の原因とはいえなくなり、関係性が見えにくくなっ
ているのも事実だ。しかし、両沼の水質は1970年代より改善
したとはいえ、かつてのような澄んだ水とはほど遠い。2019
年には印旛沼、手賀沼が全国のワースト2、ワースト3を占め
ている（環境省「令和元年度公共用水域水質測定結果」2020年12月）。
合成洗剤も1980年代には「無リン化」したが、それでも分解
は遅く、下水道処理に負荷をかけるといわれている。

　「花見川終末処理場（注：千葉県印旛沼流域下水道花見川終末処理場、
千葉市）では、せっけんの街の粉せっけんを見学者に配ってく
れているんです」と、道端。環境学習の一環で同終末処理場を
訪れた際に、せっけんは汚濁物質を分解するバクテリアの餌に
なるのに対し、合成洗剤はバクテリアが分解しにくいのだと職
員から説明を受けたという。

　一方、合成洗剤メーカーの団体は、合成洗剤の安全性を主張
し、せっけん条例のある自治体に請願を出して、条例の廃止に

取り組んできた。直接請求運動をすすめた我孫子、流山、柏3市（沼南町は柏市と合併）のうち、いまでもせっけん条例をもっているのは我孫子市だけだ。

　合成洗剤の問題やせっけんについて社会の関心が薄れてきている現実はあるが、だからといって運動としての「せっけんの街」の意義が、けっして小さくなったわけではない。

　「1万人もの人が出資して、せっけん工場を建てちゃった。そう簡単にやめるわけにはいかないという思いで続いてきた。これまで潰れそうになったことは何度もあるけれど、危機のたびに不思議と誰かがどこかから手をさしのべてくれるんです。私たち、案外幸運の持ち主なのかも」と、若月は笑った。川野は、「その幸運を引き寄せるのはネットワークであり、人のつながり」なのだと、つけ加えた。

　まさにそれを象徴するようなできごとがあった。1999年のNPO法人化の際、元生活クラブ千葉職員の塚田克己（のちに工場長兼事務局長）がスタッフに加わった。塚田は粉せっけんの製造からカタログの制作、配達などまで器用に忙しくこなした。ところが2015年11月、その塚田が急性くも膜下出血で急逝してしまったのだ。パスワードがわからず一時は事務所のパソコンさえ立ち上げることができなかった。大切な仲間を失った深い悲しみとともに、工場の閉鎖もスタッフの頭をよぎったという。

　翌年2月、生活クラブセンター柏で塚田のお別れ会が行われた。そこに、塚田と親しかった元生活クラブ千葉、現在生活クラブ茨城職員の息子が参加していた。彼は子どものころからずっとせっけんを使う生活をしてきた。塚田の急逝に伴い、事務局長に就任した延吉愼一が、その息子にせっけん工場の窮状を伝え、職員としての参加を要請した。ほかからの誘いもあったが、熟考の末、せっけんの街を選択したのが現事務局長兼手

賀沼工場長の阿部朋だ。「縁というものは不思議なもの」と、道端は当時をふりかえる。

　道端は、結婚して佐倉市に越してきてから、安心安全な食材を求めて生活クラブに加入した。それまで使っていた合成洗剤をせっけんの街の粉せっけんに変えたら、ひどい手荒れが嘘のようになくなって、「つるつるになった」。以来、ずっとせっけんの街の粉せっけんを使い続けている。市民ネットワークの「代理人」として佐倉市議を1期務めたあと、せっけんの街の理事に就任した。「せっけんの街の活動は生活のなかから生まれてきたもの。現実味があり、市民ネットワークの活動ともリンクしていると感じた」のだという。「（せっけん工場を立ち上げた）当時のパワーはすごいと思う。その当時のことをつないでいく人がいないといけない」。市民が動きはじめると制度はあとからついてくる、と道端は思う。

　「活動をしていると、街が変わっていくのが実感できたのが、どっぷりはまった理由なんだろう」と若月はいう。「あんまり先に入っちゃうと現実とは離れてしまう。そんなに遠くじゃない、近くにある、ちょっとがんばれば実現できそうな夢を見せることがリーダーの役割なんだろうな」

　せっけんの街が力を入れている活動のひとつに、先にもふれた環境学習がある。せっけん工場の見学会、出前の学習会、イベントへの出展などで、体験を取り入れたプログラムを実施する。たとえば合成洗剤で洗ったふきんを肉まんにかけておくと、蛍光増白剤が肉まんに移って、暗いところでブラックライトを当てると青白く光る。これを見た子どもたちはびっくりして、その影響を自分のこととして考えるようになる。「せっけんを使いましょう、だけでなく、合成洗剤の問題やせっけんのよさを、使い方も含めて伝えるようにしています。考えて選択できるようになってほしいから」（道端）。「もう少し先をみる力、

捨てたゴミがこの先どうなるの？　とか、そういう想像力を子どもたちにもってもらいたい」（若月）。

　コロナ禍をきっかけに、リモートでの学習会、見学会を開催するようにもなった。小さな子どものいる母親など、これまで参加できなかった人も気軽に参加できるようになり、「新たな参加者が増えていくんじゃないかな」（川野）と、思わぬ効果に期待もしている。そうした人たちに向けて楽しい発信ができたらと、思いがふくらんでいく。

　せっけんの街の新中期事業計画（2021年度～2025年度）には、「『見て・ふれて・参加できる』手賀沼せっけん工場のリニューアルをめざす」ことが記載された。建設から40年近くたち、施設が老朽化していることもあるが、それと同時に、ここを体験し、学び、発信する場にしたいとの思いが強い。見学・体験コースを整備して、近隣の人たちにも、もっと気軽に見に来てもらえるようにしたいという。まずは5年間かけて構想を練り、資金計画を立てる。もちろん千葉グループにも参加してもらう予定だ。

　「そんな遠くない夢」が、またひとつ生まれた。

参考資料
せっけんの街共有者の会編『手賀沼せっけん物語　市民がつくった〝せっけん工場〟』協同図書サービス、1995年
特定非営利活動法人せっけんの街『中期事業計画2016～2020年度』

3 ｜地域社会のニーズを取り込んで拡大してきた総合福祉法人

——社会福祉法人生活クラブ（風の村）

▌赤ちゃんから看取りまで

「福祉の百貨店」とでもいえばいいだろうか。社会福祉法人生活クラブ＝生活クラブ風の村（風の村）の事業案内をみると、もうしわけないがつい、そんな卑近なたとえが頭に浮かんでしまった。

介護サービスや特別養護老人ホームなど高齢者福祉に特化した社会福祉法人、障がい児・者サービスを中心にした社会福祉法人、あるいは保育・子育て支援を手がける社会福祉法人など、全国におよそ2万ある社会福祉法人のほとんどは、特定の福祉分野に特化している。しかし風の村は、事業案内に「赤ちゃんから看取りまで、人生のすべてのステージで必要とされる支援、応援をすることをめざしています」とあるとおり、高齢者福祉、障がい児・者サービス、保育・子育て支援、児童養護施設や乳児院の運営、生活困窮者自立支援、さらには地域住民の生活支援など、およそ福祉のあらゆる分野を網羅している。千葉県内に7か所の拠点（複合施設）をもち、職員数は常勤・非常勤合わせて約1800人、県内最大規模の社会福祉法人でもある。この「福祉の百貨店」は、なぜ、どのように生まれ、発展してきたのか。

生活クラブが「本物の牛乳」を求めて、生産者とともに千葉

県に自前の牛乳工場を建設したことは第1部に書いた。このとき設立された生乳生産者の組合・新生酪農クラブのメンバーに、八街市で酪農を営む飛田洋（故人）がいた。生活クラブ千葉は、飛田から使っていなかった土地を借りて研修施設「風の村」を建設することになった。組合員たちが竹林と雑木林を切り開いた土地に、1991年6月に宿泊棟である「風のロッジ」と工房が完成、生活クラブ千葉15周年にあわせてオープニング祭が開催された。

　風の村（風のロッジ）は、生活クラブ千葉の利用事業として、出資者による「風の村村民会議」が運営にあたり、ブロックやデポーの代表によって構成される「風の村利用運営委員会」がそのプログラムをつくった。

　ここで話し合われた「風の村街づくり構想」が、のちにしだいにかたちになっていった。

　高度成長期以後、日本では急速に高齢化が進み、1994年には人口の14％が65歳以上という「高齢社会」に突入、生活クラブ千葉の組合員たちも、親が高齢者の年代にさしかかり、親の老いという問題に直面しはじめていた。

　1960年代から養老施設としての「老人ホーム」はあったものの、高齢の親は家で面倒を見るというのがそれまでの日本の常識であり、またそれが美徳とされた。そして、たいていの場合、その役割は「嫁」に課せられていたのである。一方で、施設においても家庭においても「ねたきり（実際には「ねかせきり」）」といわれる介護の実態が社会問題化していった。

　しかし、核家族化とともに女性の社会進出も進み、高齢者を家族が在宅介護することがしだいに難しくなる状況にあった。1960年代〜1970年代にはホームヘルプ、ショートステイ、デイサービスが在宅福祉サービスとして制度化され、1990年には社会福祉法やその関連法が改正されて、地域福祉サービス（訪

問介護、配食、家事サービス、外出介助サー
ビス、デイサービス、ショートステイなど、
高齢者や要介護者が地域・在宅で生活しつ
づけるための支援）が社会福祉事業のな
かに位置づけられた。

社会福祉法人生活クラブ（風
の村）理事長・池田徹

　生活クラブ神奈川は1989年に、福
祉専門生協である「福祉クラブ生活協
同組合」を設立。さらに東京や神奈川
では「たすけあいワーカーズ（・コレ
クティブ）」が在宅福祉サービスをにな
うようになる。福祉クラブ生協は宅配事業と同時に、組合員と
「たすけあいワーカーズ」による介護サービスを結びつけるし
くみとしてつくられたものだった。

　千葉ではそれとはやり方を変えたと、当時生活クラブ千葉で
専務理事を務めていた池田徹はいう。「千葉でも福祉クラブ生
協設立準備会をつくって、神奈川や東京と同じかたちでやろう
としたのですが、途中で方針転換し、在宅福祉サービス事業を
生活クラブ千葉本体でやろうと、1994年に『たすけあいネッ
トワーク事業』をはじめたんです」。

　この事業をはじめるにあたって打ち出されたのが「食の不安
と老いの不安にこたえる生協」というキャッチフレーズだった。
「これからの生協は老いの不安にこたえることが使命になって
いくと考えた」（池田）。

　背景には、当時生活クラブ千葉の組合員の年齢構成が30歳
代前半から50歳代前半に偏っていたことがある。ほかの生協
では、20歳代後半から60歳代まで、比較的なだらかな山型カー
ブだが、生活クラブ千葉では40歳代後半のピークに向かって
急勾配のピークを描いていた。生活クラブ千葉では、若い年代
が少ない一方で、60歳代になると脱退する人が多かったので

ある。

　子育て世代のニーズである「食の不安」とともに、高齢者の
ニーズである「老いの不安」に対応していかなければ、生協と
してもたちいかなくなる。それが「この事業を生協直営でやろ
うと判断したいちばん大きな動機だった」と池田。

　その当時、生活クラブ千葉でも、神奈川や東京にならって「た
すけあいワーカーズ」が10団体活動していた。池田はそれぞ
れのワーカーズに「直営で介護事業をやっていく。ついてはた
すけあいワーカーズを生協の組織として再編させていただきた
い」と説明した。その結果、5団体がケアグループという生活
クラブ千葉の内部組織となることを了解した。

　1995年には、高齢者福祉施設をつくることを目的に「高齢
者福祉施設建設準備会」（以下、準備会）が設立された。このこ
ろ池田は風の村（風のロッジ）のある土地のオーナーであった飛
田に、「ここに『福祉ビレッジ』をつくりたい」という夢を打
ち明ける。飛田は「それなら土地の提供を含めて協力する」と
即答した。池田は知り合いの編集者に依頼して、1枚の絵を描
いてもらっている。絵には特養・ケアハウスのほか、保育園、
セミナーハウス、農場、乳牛牧場や小動物牧場、農産物加工場、
自然食レストラン、キャンプ場、そして福祉士養成専門学校な
どが描き込まれている。「最初から特別養護老人ホーム（特養）
と決めていたわけではなかった」と池田はいうが、準備会設立
後かなり早い時期に、つくるのは特養という方針が固まった。

　「（絵に描いたように）特養のそばに保育園か幼稚園をつくると
いう構想も、当初からありました。当時視察に行った愛知県長
久手市の『社会福祉法人愛知たいようの杜』は、里山の中に特
養があり、幼稚園があり、福祉専門学校もありというところで、
幼稚園の子どもたちと特養の高齢者の間で自然な交流がおこな
われていた。そこがモデルになりました」と池田はつづけた。

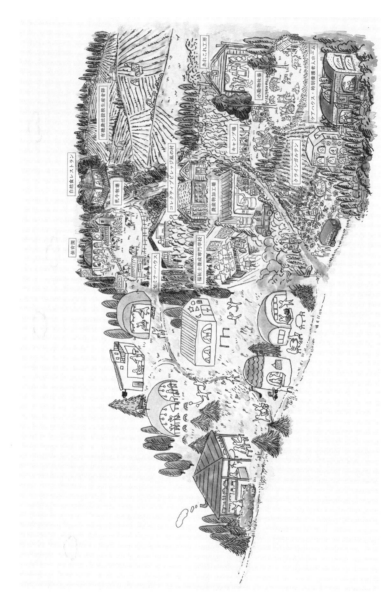

「風の村福祉ビレッジ構想」。右半分は最初に描かれたもの。左側はその後追加された絵

　その構想が、現在の「風の村八街」に結実するには、もう少し時間がかかる。

▌「自分たちが入居するとしたら」をかたちに

　日本が高齢化社会に突入した1994年、国の社会保険審議会は介護保険制度の導入を提言する。1997年には「介護保険法」が国会で成立し、2000年に介護保険制度が開始された。それは、恵まれない人を公的に救済するというそれまでの福祉から、利用者が提供者との契約によって福祉サービスを受けるというかたちへの、福祉政策の大転換だった。

　このかん、準備会のメンバーたち（ほとんどは生活クラブ千葉の組合員）は、国内外への視察、学習や議論を重ね、施設のかたちや運営方針を練りあげていった。そのなかで決まったのが次の「風の村憲章」だ。

　1「風の村」は、暮らす人、働く人、集う人で共に創る場です。
　1「風の村」は、ひとりひとりが輝く場です。
　1「風の村」は、自然の中でゆったりと過ごす生活の場です。
　1「風の村」は、ありのままの自分に出逢える場です。
　1「風の村」は、地域に根ざしたくらしを育む場です。

　一読してわかるように、ここには高齢者という言葉も福祉という言葉も出てこない。「せっけんの街」の基本理念に、せっけんという言葉がひと言も出てこないように。込められた思いは、互いに通じてもいる。風の村とは運動であり、街づくりなのだ。そしてこの憲章こそが、のちに多角化していく風の村の方向性を示していることがわかる。

　建設する特養のコンセプトは、「自分たちが入居するとした

ら」が基本になった。

　とくに当時の特養といえば、4人以上が1つ部屋に暮らすのが常識で、食事や入浴の時間に関しても施設や職員の都合で決められ、効率重視であり、ときには身体拘束すらされた。プライバシーもなく、人としての尊厳も感じられなかった。

　準備会は、全室個室で個室のまとまり（ユニット）ごとに専任の介護職員が配置されるユニット型特養を打ち出したが、厚生省（現・厚生労働省）からの補助金は個室分までは認めていなかった。つまり、個室にするならその分は自前で用意しなければならない。これについては日本財団の助成金を獲得することで解決できたが、もう1つハードルがあった。特養建設認可の主体は千葉県だが、そのためには地元の八街市が特養の必要性を認めて県に申請しなければならない。問題は「個室特養」を市が受け入れてくれるかだ。当時の八街市長を、すでに個室を取り入れていた富山県の特養の視察に連れて行くなど、説明を重ねた結果、1998年に千葉県から特養建設の認可が下りた。

　認可を得て建設計画は一気に動き出した。まず、特養を運営する組織である「社会福祉法人たすけあい倶楽部」が設立された。基本財産の1億円は生活クラブ千葉が拠出した。1億円を拠出するにあたって、組合員からは反対も出た。社会福祉法人になってしまえば生活クラブからは離れ、入居者・利用者を組合員に限ったり、優先したりすることはできない。しかも定員はたった50人。それに1億円を拠出するのかと。これに対して池田は「社会に対してモデルを提示していくのが、もともと生活クラブの発想だったはず。社会のモデルになる特養をつくれば、それがスタンダードになって、生活クラブの組合員だけではなくいろいろな人たちが恩恵に浴していく」と説得した。

　特養建設が決まったことで、施設長や現場のリーダーとなる介護・看護のプロたちの採用もはじまった。特養が完成しオー

プンするときには、きちんと体制が整っていなければならないからだ。

　風の村憲章の理念を、実際に特養を運営する施設職員たちに引き継ぎ、その理念にもとづいた介護を実践してもらわなければならない。準備会が職員たちとともにつくりあげたのが、「風の村ケア大綱」と「風の村ケア方針」である。「風の村ケア大綱」には、施設・職員の心掛けるべきことが記され、ケア方針は居室内での生活、食事、排泄、入浴などについての細かい方針が具体的に示されている。これらは、自分たちが入居者や利用者になったらこういうケアを受けたいと、「素人が介護を受ける立場でつくりあげていった」（池田）ものなのだ。

風の村ケア大綱 （それぞれの項目の説明は省略）
1 入居者、利用者、家族、ボランティアの皆さんとともに考えることを大切にします。
2 既成概念にとらわれず、入居者、利用者の心地よさを出来る限り追求します。
3 情報公開、アカウンタビリティ（説明責任）を徹底します。
4 職員どうしの話し合い、研修を重視し、日々研鑽に励みます。

　しかし、あくまで社会福祉法人は生活協同組合とは別の法人であり、実際にたすけあい倶楽部を運営するのは介護・福祉のプロということになる。社会福祉法人理事長には池田が就任したが、これまでの準備会メンバーはその運営に直接関わることができない。はたして自分たちの思いどおりに、つくりあげてきたコンセプトどおりに、たすけあい倶楽部は運営されていくだろうか。一方で、開設後にはボランティアとして活動したい、併設する予定の喫茶店を手伝いたい、といった声もあった。

　「組合員たちは、そのつくりあげてきたコンセプトをプロである職員に受け渡して、委ねていくわけです。そこで、自分たちが考えた特養としてプロの人たちがちゃんとやっていくかどうかみていくと同時に、ボランティアとして関わっていく、さらにお金の面でも支援をする、この3つの機能をもつ団体をつくろうということになった」（池田）

　それが「たすけあい倶楽部を支える会」である。いわば、「手も出し、口も出し、お金も出す団体」（池田）なのだ。

　こうして2000年2月、特別養護老人ホーム「風の村」（現在の「風の村特養ホーム八街」）はフルオープンを迎えた。施設の一角には、「喫茶アルルカン」が開店した。アルルカンでは、たすけあい倶楽部を支える会の会員がボランティアとして働き、入居者や職員、しだいに近隣住民も訪れるようになり、地域交流スペースというねらいどおりの場所となっていった。

　特養八街がオープンした2か月後の2000年4月に、介護保険制度がスタートした。50室全室個室（ほかにショートステイ7室）・ユニット型特養である特養八街は、全国から注目を浴び、見学・視察は引きも切らなかった。そして2002年、厚生労働

生活クラブ風の村八街

省は新設する特養は個室・ユニット型に限定するという通達を出した。参考として同省のインターネットサイトに紹介されたのは、特養八街の平面図。特養八街は新たな特養のモデルとなったのである。

広がる事業領域

　2004年、転機が訪れる。まず、生活クラブ千葉でおこなっていたホームヘルプ事業「たすけあいネットワーク事業」を社会福祉法人に移管するとともに、法人の名称を社会福祉法人たすけあい倶楽部から社会福祉法人生活クラブに改称した。介護保険制度がはじまってたすけあいネットワーク事業の事業量が増えると同時に、ケアワーカーにも利用者にも組合員以外が多くなっていた（生協が実施する介護事業に関しては員外利用制限が撤廃されていた）こと、介護より食への関心から加入する組合員が多い現状、一方で特養を運営する社会福祉法人ができたこともあり、こちらに福祉事業を一本化することになったのだ。

　「食と環境の生活クラブ（＝生活協同組合）と福祉の生活クラブ（＝社会福祉法人）というかたちで整理したわけです」（池田）

　たすけあい倶楽部を支える会も、支援対象が特養八街だけでなく、県下各地に広がる在宅福祉サービス事業の利用者に広がったこともあって、「生活クラブ・ボランティア活動情報センター」に名称を変更する。のちに「コミュニティケア研究所」と統合して事業内容を広げていくが、それについては次節で述べる。

　さらにこの年、保育事業という新たな分野に乗り出すことになった。1990年に流山市にあった生活クラブの配送センター跡を利用して、組合員有志がはじめた「ワーカーズコレクティブ子どもの家わらしこ」という無認可保育園があった。それが

流山市から認可保育園にならないかという打診を受けた。ただ
し、市の条件は社会福祉法人格を得ること。基本財産となる1
億円はとても用意できない。そこで社会福祉法人生活クラブに
職員ごと引き取ってもらえないかと、いう話になって引き受け
たのである。それが「風の村わらしこ保育園流山」だ。ただ「同
時期に、八街にも保育園をつくろうと考えはじめていた」と池
田。こちらは「特養八街をつくるとき同様、保育園建設準備会
をつくって、いろいろな保育園を見学に行ったりして、自分た
ちの手づくりで保育理念とか保育方針とかを決めていった」。2
つ目の保育園となる「風の村保育園八街」は、2006年に当初
の構想どおり特養八街の近くに開設された。さらに2016年に
は公設保育園の民営化のかたちで「風の村保育園佐倉東」を開
園した。

　2007年には「在宅総合医療センターさくら風の村（現・生活
クラブ風の村さくら）」を開設、同じ年、NPO法人あかとんぼ福
祉会が運営してきた佐倉市の知的障がい児・者デイサービス・
授産所を、やはり職員ごと引き取った。あかとんぼ福祉会は、
1998年から印旛村（現・印西市）で、知的障がいや自閉症をも
つ児童の学童保育「印旛学童クラブあかとんぼ」を自費で運営
していた。障がい児の学童保育制度は、当時存在しなかったた
めだ。

　あかとんぼ福祉会は翌年佐倉市内に移転し、2005年には卒
業生のための小規模福祉作業所「とんぼ舎（現・とんぼ舎さくら）」
を併設した。ちょうどそのころ、社会福祉法人生活クラブは佐
倉市に次の拠点を建設しようとしていたことから、合併の話が
進んだ。

　知的障がい児の学童保育は、2012年に「放課後等デイサー
ビス事業」として正式に国の制度に位置づけられた。放課後等
デイサービス「あかとんぼ」は、現在佐倉市内を含め県内5か

所で運営されている。その後、2013 年には重症心身障がいの人が日中通う施設として、佐倉市内に「重心通所さくら」も開設された。

　虹の街のところで紹介したように、とんぼ舎さくらの利用者は、「虹と風のファーム」で作物をつくり、加工して併設の直売所で販売するほか、虹の街のデポーでも販売。ファームでは、ひきこもりなどからの社会復帰をめざす人たちも働き、「ユニバーサル就労」の場となっている。

　君津市に児童養護施設を開設したのは、同じ 2013 年。これはその 2 年ほど前に、千葉県から新たな児童養護施設開設の応募書類が届いたことがきっかけだった。児童養護施設とは、何らかの事情があって親と一緒に暮らすことができない 3 〜 18 歳の子どもらが生活する施設。応募するとしたら、まったく新しいジャンルへの挑戦になる。当時 1000 人いた職員のなかには、児童養護施設の施設長やリーダーを務められるスキルやノウハウをもつ職員はいなかった。

　「外部でそういう人材が見つかったら手を挙げよう。見つからなかったらあきらめよう」。池田は、職員にそういった。池田は、誰か心当たりはないかと、児童養護施設出身の友人にメールで問い合わせた。すると「君津で自立援助ホームをやっている高橋克己という人がいる」と返信が来た。

　自立援助ホームは、児童養護施設を出た若者が自立のために暮らす施設。高橋はもともと千葉県の職員で、県立児童養護施設に勤務した経験もあるという。池田はその自立援助ホームを訪ね高橋と懇談した。そこで 2 時間ぐらいたがいの思いを語り合って、「意気投合した」(池田)。自立援助ホームごと引き取るかたちで高橋をスカウトし、県に応募書類を提出、「はぐくみの杜君津」(定員 40 名) の開設に至った。自立援助ホームは「人力舎君津」として、引き続き若者が自立をめざしながら共同生

活する。

　2017年には、はぐくみの杜君津敷地内に、おおむね2歳までの乳幼児が暮らす乳児院「はぐくみの杜君津赤ちゃんの家」がオープンした。乳児院と児童養護施設が併設されている例は、全国でも少ないという。そのねらいを池田が説明する。

　「乳児院ですごした子どもが3歳になると、措置変更といって児童養護施設に移らなくてはいけない。それまで親密な関係のできていた職員と引き離されてしまう。それは母親と引き離されるに等しい。3歳の子どもにとってはたいへんなショックです。やはり県の公募があり、同じ敷地内に乳児院をつくることでその『3歳の壁』をなくしたい、と高橋施設長から提案があった」

　社会的養護下にある子どもたちは、全国で4万5000人ほどいるとされる。うち8割は児童養護施設や乳児院で暮らす。国は「施設から家庭へ」として、里親や特別養子縁組を推進しており、風の村でも特別養子縁組のあっせん事業をはじめているが、乳児院や児童養護施設の必要性は変わらない。

　千葉県にもはぐくみの杜以外に多くの児童養護施設、乳児院がある。風の村では「ちばアフターケアネットワークステーション（CANS）」を運営し、児童養護施設を退所したり、里親措置を解除したりした若者たちの相談を、県内外を問わず受け付けている。

　2018年には、茂原市にある精神障がいをもつ人のグループホームもNPOごと引き取った。現在、「風の村スペースぴあ茂原」として統合失調症などの精神疾患、高次脳機能障がい、発達障がいなどをもつ人を支援する。社会復帰をめざす入居者が共同生活（居室は個室）しながら、古本のネット販売や農作業などに従事するほか、就労支援、相談支援もおこなう。風の村が運用する精神障がい者にも対応した地域包括ケア推進基金、通

称「ぴあ基金」は精神障がいをもつ人やその家族の支援や人材育成にも活用される。訪問看護ステーションのなかに精神障がい者支援部門を設けて、訪問支援にも乗りだしている。

　風の村の拠点の１つ、千葉市稲毛区のUR団地グリーンプラザ園生にある「生活クラブいなげビレッジ虹と風」は、都市再生機構（UR）の旧園生団地再生事業に、千葉グループ全体が参加するかたちで地域包括ケアをめざして整備されたものだ。風の村いなげには、サービス付き高齢者向け住宅「サポートハウス稲毛」をはじめ、デイサービス、看護小規模多機能型居宅介護、ホームヘルプ、定期巡回ステーション、訪問看護ステーション、放課後等デイサービスの「あかとんぼ稲毛」がある。虹の街の「デポー園生」も併設する。先述のCANSもここにあり、「認定NPO法人コミュニティケア街ねっと」も本部を構える。ほかに他法人の在宅クリニックとレストランもある。いなげや八街など、風の村の施設８か所は「生活クラブ安心システム」の拠点にもなっている。

　それにしてもなぜ、風の村はここまで多角化してきたのだろうか。しかも同じ福祉事業とはいえ、それぞれの分野は利用者・

生活クラブいなげビレッジ虹と風

入所者への対応も運営ノウハウも大きく異なる。だからこそ世の社会福祉法人は、特定の分野だけを手がけるところがほとんどなのだ。

　池田は、「それまでその施設で実際にやってきた、ノウハウをもつ職員ごと引き取るわけですから、そのノウハウがわれわれのものになっていく。だから、そういう話があれば基本的に引き受けてきました。ただ戦略的にやったわけではなくて、みんな偶然」と半ば謙遜しているが、強い思いがなければ最初から引き取ることも公募に手を挙げようと考えることもなかっただろう。

　風の村の副理事長を務める木村庸子が生活クラブ千葉に加入したのは、八街市に特養を建設しようという話が進んでいた時期だった。1995年に設立準備会が発足し、「風の村憲章」や「ケア大綱」「ケア方針」が話し合われていたところで、組合員ニュースには、毎号のようにその話題が掲載されていた。

　木村は首をかしげた。「そのころ生協といえば食のイメージしかなかった」からだ。安全・安心でおいしい食べもののために生協に入ったのに、なぜ生協が特養をつくるのか、若く親も元気だった木村にとって「食の不安と老いの不安」というテーマはまだピンとこなかったという。

　その木村は、いまこう思う。「生活クラブ自体が、設立以来多角的に事業を展開してきた生協。風の村が高齢者事業だけやっていたのだったら、たぶんおもしろくなかっただろうと思います。地域のニーズを考えたときに、求められるものは高齢者のことだけではない。保育や、障がい者支援だけでもない。（風の村とは）そのときどきの地域社会の課題に対応していく、フレキシブルさをもった法人であり、運動体ではないかと思う」。

　その基本には、「誰もが地域社会でその人らしく暮らしていける」ようにという理念がある。その背景を支えるものは、生

活クラブ組合員たちの課題を掘り起こしていくアンテナと、張りめぐらされたネットワークである。

参考資料
社会福祉法人生活クラブ風の村監修、池田徹編著『挑戦を続ける「生活クラブ風の村」──地域でだれも孤立させないしくみづくり』中央法規出版、2015 年
『生活クラブ千葉 40 周年記念誌「40 年のものがたり」』2016 年

4 ▏多種多様な事業を通じて住民主体の街づくりをめざす

──認定 NPO 法人コミュニティケア街ねっと

▍社会参加と支援を柱に

　前節に書いたように、1998 年に特別養護老人ホーム「風の村」を運営する「社会福祉法人たすけあい倶楽部」（現・社会福祉法人生活クラブ風の村）が設立されたとき、そのコンセプトをつくってきた生活クラブ千葉の組合員たちは、運営を完全に福祉のプロにまかせるのではなく、ボランティアとしてかかわっていくと同時に、自分たちのコンセプトに沿ったかたちでプロが運営していくかどうかをチェックし、さらに財政的にも支援する、という 3 つの役割をもつ団体を設立することを決めた。それが「たすけあい倶楽部を支える会」である。

　2000 年に風の村八街がオープンすると、たすけあい倶楽部を支える会は、ボランティアコーディネート事業と併設の地域交流スペース「アルルカン」の運営をになうようになる。2004 年には、生活クラブ千葉がおこなっていたホームヘルプ事業（「たすけあいネットワーク事業」）を、社会福祉法人たすけあい倶楽部に統合したことを受けて、名称も「生活クラブ・ボランティア活動情報センター（VAIC）」に変更した。さらに 2006 年には NPO 法人格を取得している。

　一方、生活クラブ千葉内に、社会福祉事業および地域福祉推進にかんする調査研究機関として 2002 年に設立されたのが、

コミュニティケア研究所（CCI）だ（こ
ちらは 2003 年に NPO 法人格取得）。この
2 つの団体が、2008 年に合併、生ま
れたのが NPO 法人 VAIC コミュニティ
ケア研究所である（2017 年に認定 NPO
法人格取得）。さらに 2020 年には、認
定 NPO 法人コミュニティケア街ねっ
と（街ねっと）に名称を変更した。

認定 NPO 法人コミュニティ
ケア街ねっと理事長・岩上
章子

　「もともと、コミュニティケア研究
所という名前がどのような理由でつけ
られたのか、今となってはよくわからないのですが、人が元気
に動く地域をつくりたいということ、地域で孤立したり困った
りした人にちゃんと手をさしのべるしくみをつくりたいという
事業の 2 つの柱がコミュニティとケアという 2 つの言葉に凝縮
されているので、改名するときにもそのまま使いました」

　そう説明してくれたのは、街ねっと理事長の岩上章子だ。

　もともと VAIC はボランティアコーディネート事業や地域交
流事業、子育て支援事業など、CCI は福祉サービスの評価・調
査事業や生活困窮者支援事業など、それぞれが複数の事業を
もっていた。それが合併によってさらに幅広い事業を展開する
ことになった。岩上がいうように、事業は「住民主体の活動創
出による地域づくり」と「暮らしやすさのための支援と連携」
を大きな 2 本柱にしているが、表（次頁）にみるように、その
なかには実に多種多様な事業が含まれている。「生活クラブは
必要なものやしくみを自分たちでつくりだし、利用してきまし
た。いまやっている事業も、社会のニーズや制度化の動きに合
わせ、千葉グループと連携してつくり、事業化してきた」のだ
と岩上は語る。

　街ねっとが手がけている事業について、いくつか紹介しよう。

表　街ねっとが展開する事業一覧（2020年度）

Ⅰ. 住民主体の活動創出による地域づくり	Ⅱ. 暮らしやすさのための支援と連携
1. 社会参加支援 2. 地域コーディネーター 3. 生活支援コーディネーター 4. 地域交流事業「あみぃこ」 5. 生活クラブ安心システムと街の縁側 6. 生活クラブ安心システム・街の縁側推進室 7. コミュニティデザイン	1. 相談・支援 　(1) 相談 　(2) 生活困窮者支援 　(3) 成年後見支援 　(4) 救急車の適正利用推進 　(5) 貧困の連鎖防止「すまいるじょい」 2. 子育ち・子育て支援 　(1) 親子ひろば「子育てリラックス館」 　(2) 託児事業「風船」「たあ～たん」 　(3) 放課後の居場所「こどもカフェ 3rd プレイス虹」 3. 地域交流喫茶 　(1) 喫茶「アルルカン」 　(2) 「C's cafe」 4. 福祉サービスの評価・調査

　VAIC時代からつづくボランティアコーディネート事業（社会参加支援）は、ボランティア活動をしたいと考えている人と、ボランティアを必要としている人や団体をつなぐ事業。風の村八街の特別養護老人ホームからはじまった、先の池田の言葉でいえば、「手」にあたる事業だ。

　「たすけあい倶楽部を支える会を設立したとき、地域との交流をきちんと担保しようと、希望者には講座を受けてもらい、ボランティアとしてつなぐということをはじめたんです。風の村がほかのところに施設をつくっていったこともあって、それが全県に広がってきた」（岩上）

　ボランティア希望者は街ねっとに登録。活動内容は、施設での高齢者の話し相手や植物・動物の世話から、その人の特技を生かせる楽器演奏や演芸などさまざま。自宅でできる活動もあ

る。退職者や学生、主婦だけでなく、自立をめざす障がい者や
ひきこもりの人も活動している。千葉グループの他団体のボラ
ンティアも講座を受講する。

　生活クラブ風の村光ヶ丘（柏市）と、街ねっと本部のある「生
活クラブいなげビレッジ虹と風」（千葉市稲毛区）で実施されて
いる地域交流事業「あみぃこ」は、地域の人びとが出会い交流
し、さらに社会参加を促す場として企画された。防災教室、ア
ンチエイジング料理教室、読書会、ヨガ教室、ふれあい健康麻
雀教室などの教室があり、「以前から興味があったことをはじ
められた」「友達ができた」など参加者の評判も上々だ。いく
つかの教室は、参加者を中心とした自主グループに移行してい
る。

　近隣の人が出会い、仲よくなってもらうことが目的でもある
ため、チラシは半期に 2000 枚ほど刷って、地域新聞に折り込
んだり、人が集まるいろいろなところに置かせてもらっている
という。

　生活困窮者支援事業は、生活困窮者自立支援法に基づく千葉

ふれあい健康麻雀教室の様子（「生活クラブいなげビレッジ風と虹」）

市と柏市の事業を受託。千葉市の場合は虹の街と共同で、柏市は風の村が受託して相談員を派遣するかたちで運営。家計に問題のある人の家計再建や生活再建の支援をおこなっている。相談員による面接を経て、対応策を検討、関係機関を紹介し、必要であれば同行することもある。

　さらに、高齢者や障がい者の権利擁護のために、成年後見支援と制度の普及啓発にも取り組む。救急車の適正利用推進という事業がここに入っているのは、「救急車を頻繁に使う人は、孤立していたり精神的な課題があるケースがあって、それを改善する事業」（岩上）で、千葉市消防局から委託を受けている。

　「生活困窮者自立支援事業は、生活保護に至る前のセーフティネット。収入を計画的に使えないことが、困窮の原因になっているケースもある。そういう場合は仕事やお金のやりくりの見直しをして、生活を立てなおしてもらうことが大切。その上で社会の一員として復帰してもらうことが制度の理念でもある」という。

　子育ち・子育て支援では、千葉市からの受託事業である「子育てリラックス館」を２か所で運営、子どもの一時預かりや託児、放課後の児童の居場所として子どもカフェも開設している。託児事業「風船」は、虹の街の「エッコロ制度」の一環で、子育て中の組合員が学習会や生産者交流会、あるいは会議などの組合員活動に参加するときに、無償で利用できる。

　地域交流カフェは、2021年３月現在、風の村八街の「喫茶アルルカン」と佐倉市の志津市民プラザにある「C's cafe」の２つ。前述のように、喫茶アルルカンは、風の村八街入居者と地域住民の交流の場として2000年にオープンした。各種講座・教室や、展覧会、ライブコンサート、落語会なども開催される。C's cafe では定休日を利用して高次脳機能障がい者が集う「こ～じのぅカフェ」などが開催されている。

佐倉市志津市民プラザ1階にある「C's cafe」。店内のギャラリーボックスには、さまざまな作家のアクセサリーや手芸品などが月替わりで並ぶ

　福祉サービスの評価・調査事業は、前述のとおりCCIから引き継いだもの。CCIは2005年に千葉県のモデル事業に参加し、翌年に県の福祉サービスの第三者評価機関として認証を受けている。現在は千葉県福祉サービス第三者評価機関認証のほか、東京都福祉サービス第三者評価機関認証、社会的養護関係施設第三者評価機関認証などを得ている。千葉県などからは、調査員の養成・継続研修も受託している。第三者評価の結果は公表され、福祉サービスの利用者が施設を選ぶ際に参考にするとともに、事業者に対してはサービスの質の向上を促すねらいがある。

居場所づくりと社会参加

　第1部で紹介した「千葉グループ協議会2020年度方針」の最初に出てくる、「生活クラブ安心システム（安心システム）」と「街の縁側」は、千葉グループ各団体が連携して取り組んでい

る事業だ。

　安心システムは、地域に家族も友人もいなかったり、近所づきあいもなかったりして、孤立しがちな人たちを支えようという目的で、2014年に取り組みがはじまった。風の村の施設9か所を拠点に、日常生活圏域（中学校区程度）に暮らすすべての人を対象にしている。

　安心システムは大きく分けて2つの事業からなる。「安心支援システム」は、高齢者、障がい者、生活困窮者など、孤立しがちな人に、食や環境、福祉などさまざまな生活課題について住民主体による地域の支えあいを応援するもの。買い物バスの運行や子ども食堂、地域食堂、さまざまな生活支援、サロン、趣味の講座、認知症カフェ、子育てイベント、教育支援、ラジオ体操、見守りなどと幅広い。ひと言でいえば「地域の困りごと」を解決するための支援だ。地域には専門家でなくても、少しの時間を使うだけでも、できる支援が多い。そうしたボランティアを登録し、必要な人につなぐこともある。これは街ねっとが設立以来手がけてきたことでもある。

　一方「安心ケアシステム」は、最後まで地域で生活しつづけられるよう支えきるという制度で、こちらは有償の利用契約を結ぶ必要があるが、専門的なサポートが受けられる。

　安心システムの拠点以外にも居場所を広げようというのが、「街の縁側」である。

　「安心システムは風の村の拠点があるところでのしくみ。そこまでいかなくても、千葉グループや関連するワーカーズ・コレクティブのなかには、デポーとか、喫茶店とか、交流スペースとかをもつところがある。そういう既存の場所を街の縁側として登録し、広げていこうとしています。居場所であると同時に社会参加の場」（岩上）

　「ここに自分がいてもいいんだ」という居場所を提供するこ

とにとどまらず、社会の一員として参加してもらうことが重要だという。目的は、地域住民主体による「地域共生社会の実現」。2021年3月現在、県内に7か所のまちの縁側があるが、もちろん多ければ多いほどいい。

　2020年には、千葉グループに「安心システム・街の縁側推進室」が設けられた。街ねっとはその運営をになう。

　岩上は、千葉市内の社宅住まいだったときに、誘われて生活クラブに加入。その後夫の転勤でいったん脱退するが、戻ってきて再加入した。2001年に支部スタッフ、2004年に本部理事、2007年には京葉ブロックの理事長になり、2013年に本部の副理事長に就いた。街ねっとの前身であるVAICコミュニティケア研究所理事長に就任したのは2017年だが、理事就任以来ずっと福祉を担当してきたことから、VAICコミュニティケア研究所との関係も深かった。

　風の村八街がオープンした2000〜2001年には、前身である「たすけあい倶楽部を支える会」の会員募集キャンペーンがあり、岩上もバスツアーに参加したことがある。「そのときにはまさか街ねっとの理事長をやるとは思わなかった」と笑う。

　街ねっとの事業は広汎におよぶ。「（街ねっとには）幅と行動力はあると思っている。グループのなかで、いちばん声を掛けやすいというか、すき間をいっぱいもっているというか（笑）。グループで取り組むときの受け皿になりやすい」と岩上。「多様な事業経験があるので、さまざまな分野や運営方式に対応する力はあります」と言い切った。

　それにしても、これだけの多種多様な仕事があって、それを非常勤職員50人、登録スタッフ150人がこなしているのだ。それをまとめていくのは、並大抵のマネジメント力ではあるまい。しかもNPO法人ならではの経営の難しさもある。岩上はいう。

　「委託事業は行政の方向性が変わって事業がなくなってしまうこともあるし、公募が原則なのでほかにとられることもある。そうなると人材もそろえて体制を整えているのに、その事業ができなくなってしまう。非営利活動法人とはいえ、一定の職員を抱えながらその雇用も保障していかなければならない。NPOは思いがなければいけないが、思いだけでは事業が成り立たない。そのバランスを模索している」

5 | 児童養護施設・乳児院・自立援助ホームで暮らす子どもたちを支援
——NPO法人はぐくみの杜を支える会

▌開設前から支援のあり方を検討

2013年、千葉県君津市に、児童養護施設「生活クラブ風の村はぐくみの杜君津」が、元千葉県職員で自立援助ホームを運営していた高橋克己を施設長に迎え、自立援助ホーム「人力舎」ごと引き取るかたちで開設されたのは、すでに紹介したとおりである。

「前年の2012年に、生活クラブの組合員たちが、何らかのかたちで児童養護施設を支援できないだろうかと、プロジェク

風の村はぐくみの杜君津

トチームを立ち上げました」

　それが、「NPO法人はぐくみの杜を支える会」（支える会）が設立されるきっかけとなったと、支える会理事長の竹内悦子が説明する。プロジェクトチームはどのような支援が必要か1年間かけて検討、2013年4月に「はぐくみの杜を支える会」（この時点では任意団体、2015年にNPO法人格取得）が設立された。この当時竹内は、風の村の監事を務めており、支える会の立ち上げにあたって運営委員として関わることになった。

　はぐくみの杜がオープンする前の8月10日には、歌手の加藤登紀子氏を招いて立ち上げのチャリティコンサートを開いた（はぐくみの杜を支える会と加藤登紀子命結（ぬちゆい）トーク＆ライブ実行委員会の共催）。700人以上入る客席は満員になり、100万円近い収益は、はぐくみの杜で暮らす子どもたちのために活用された。「コンサートは支える会のスタートにとっても大きな力になりました」（竹内）。

　「社会的養護下にある子どもたちの実態を知ってしまったら、なんとかしてあげたいという気持ちが強くなる。子どもたちにまったく責任はなく、親と暮らせなくなり、施設で暮らさざるをえなくなったわけですから。それを少しでも回復できたら」と、竹内は支える会に関わってきた思いを語る。

　社会的養護とは、保護者がいなかったり、保護者によって適切な養育を受けられなかったりする児童を法的に養育・保護することをいう。そのための施設が乳児院であり、児童養護施設だ。不幸にして両親が亡くなったり、病気やけがといった事情で養育が難しい場合もあるが、現在児童養護施設で暮らす子どもたち（3～18歳）の多くが、親からネグレクト（育児放棄）を含む虐待を受けた子どもたちなのだ。

　はぐくみの杜君津には敷地内に6軒の家（グループホーム）があり、40人の子どもたちが分かれて暮らしている。各家では

ボランティアが餃子づくりをする様子

担当するスタッフ（職員）が台所で食事をつくり、子どもたちと一緒に食べるほか、さまざまな家事をこなす。「それぞれの家でメニューもちがうし、スタッフはたいへんですが、子どもたちに一般家庭と同じような生活を体験させたいという考えで、全国に先駆けてグループホーム形式を取り入れています」

　こう話す竹内だが、支える会のメンバーが施設で暮らす子どもたちと直接関わることはほとんどないという。「ボランティアというかたちで接する機会も多少はありますが、基本的には会員からの会費や寄付によって子どもたちを支援するのが、支える会の役割」という。子どもたちのケアは職員がになう。支える会はあくまで距離を置いた見守りなのである。

　ボランティアは、職員が研修などに参加して不在の際の食事づくり、草取りや花壇整備、清掃、遊び、スポーツ、本の補修、学習支援などの活動に参加する。登録制で、事前に研修を受けることが条件になっている。とくに会員に限定してはいない。

　支える会の会費は個人会員が年2400円、団体会員が年5000円（いずれも1口）で、毎年500万〜600万円ほどが集まる。こ

絵本を補修するボランティア

　れはほぼ全額が子どもたちの支援に使われる。虹の街の組合員
であれば、毎月の利用代金に200円が上乗せされて引き落とさ
れるしくみだ。

子どもたちの自立を支援する「はばたき基金」

　「児童養護施設で暮らす子どもたちには、基本的な生活にか
かる費用が国から支給されますが、それ以外に一定の費用を、
使途を定めない生活支援費として渡しています。たとえば、夏
休みに旅行したりサマーキャンプに参加したりする費用、塾代
や学習のためのドリル・参考書代、高校生になればスマホをも
つようになるので、その費用に使ったりしていますね」（竹内）
　これも、できる限り一般の家庭同様に過ごせるようにという
配慮なのだ。
　さらに、施設を巣立つ子どもたちの自立支援として「はばた
き基金」がある。高校を卒業して児童養護施設を出る子どもた
ちの多くが就職を選ぶ。家庭を頼ることができないため、さら

に学びたくてもその費用が工面できないからだ。児童養護施設出身者の大学や専門学校への進学率は20数％と、平均進学率の3分の1程度でしかない。就職するにしても、施設を出てアパートを借りたり、家電や生活用品をそろえたり、自動車運転免許を取得したりと、さまざまな費用がかかるが、こうした進学や自立のための費用に対する公的支援は不十分だ。高校時代からアルバイトをして備える子が多いが、もちろんそれだけでは足りない。

　「2016年に初めて、高校を卒業してはぐくみの杜から巣立ち、専門学校に進む子が出ることになりました。そのとき、入学金などの費用、自動車運転免許など資格取得費用、ひとり暮らしの準備費用を支援する、という基金の目的を決めました」

　まず「ちばのWA地域づくり基金」（後述）が冠ファンド（寄付者の名を冠した基金）を募集、そのファンドから、約300万円の助成が得られた。これをもとに、支える会の予算のなかから毎年積み立てをおこない、同時に会員からの寄付金も組み入れている。2019年度は約250万円、2020年度は570万円が集まった。この基金をもとに、進学する場合、一時金として55万円、進学後は生活支援費として毎月2万円を本人の銀行口座に振り込む。

　2016年の1人を皮切りに、2017年には1人、2018年には2人、2019年には3人、2020年にも5人が、大学または専門学校に進学した。

　「この3年は高校を卒業した子が全員進学しています。この進学率の高さは、児童養護施設では珍しいと思います。（先に進学した）モデルがあるので、自分も進学できると思ってくれているとしたらうれしい」と竹内は話す。はばたき基金は、ねらいどおりの役目を果たしているようだ。

　「支える会は千葉グループのなかではいちばん新しい団体で、

活動範囲も狭いですが、NPO クラブの牧野（昌子）さんに運営委員として関わっていただいたことで、ちばの WA のファンドにも結びつき、NPO 法人化するときにもお世話いただきました。会員の多くは虹の街の組合員で、それとは別に虹の街組合員から毎年お米（県内産米）を贈呈してもらっていますし、虹の街の展示会やフェアで入会を呼びかけるなど、連携しながら

NPO 法人はぐくみの杜を支える会理事長・竹内悦子

やっています。もちろん風の村ははぐくみの杜の事業主体ですし、職員にも会員になっていただいています」

　はぐくみの杜君津の定員は 40 人、併設の 2 歳以下が暮らす乳児院「赤ちゃんの家」が 15 人。もちろん、千葉県内で社会的養護下にある子どもたちはこれがすべてではない。前述のように、風の村では「ちばアフターケアネットワークステーション（CANS）」を運営し、児童養護施設から自立していく若者たちの支援もおこなっている。

　竹内は横浜に住んでいたとき、子どもの通う幼稚園の親同士で班をつくって生活クラブ神奈川に加入していた。千葉に引っ越すと、すぐに班をつくった。1982 年から生活クラブ千葉の理事を 5 年間、1989 年から監事を 2 年間務めた。その間 1990 年の市民ネットワークちばの設立にかかわり、1991 年から 3 期 12 年「代理人」として千葉市議会議員を務めている。その後 2004 年に風の村の監事に就いた。

　じつは、施設長の高橋克己とは、はぐくみの杜君津ができる前からの知り合いだったのだという。

　「高橋さんが、自立援助ホーム運営のかたわら『人力舎バンド』というバンドを組んでいて、友人に誘われて演奏を聴きに行っ

たのがきっかけでした。それから人力舎を支援するようになっ
たんです。だから、高橋さんがはぐくみの杜君津の施設長にな
るという話を会議で聞いてびっくりすると同時に、とても安心
しました」

　ただ、人力舎のことが気になった。「人力舎はどうなるんで
すか、と聞いたら、風の村の施設としてつづけるという答えだっ
たので、こちらも一安心でした」と振り返る。

▌　子どもが子どもらしく生きられる社会を

　2020年春以後の新型コロナウイルス感染症流行の影響は、
はぐくみの杜やその出身者にもおよんだ。支える会のボラン
ティア活動も休止や制限をせざるをえなかった。

　一方で、コロナ禍で閉じこもらざるをえない施設出身者には、
支える会から食品や日用品を送ったという。

　「ふるさと便として、年に2回ひとり暮らしの子たちに食料
などを送っているのですが、今年（2020年）は臨時に、スタッ
フの手づくりの好物も含めて数回送りました」

　「久しぶりにご飯食べたって感じでした」「もうほんとうに感
謝感謝」「気持ちが潤いました」などと声が返ってきたと聞いて、
竹内ら支える会のメンバーも喜んだ。

　残念なこともあった。2020年は3人が施設を巣立って進学
したが、大学はオンライン授業となり、そのためにパソコン購
入やインターネット環境を整える必要があったため、緊急支援
をおこなった。しかし、友達もできず、たったひとりでオンラ
イン授業を受けつづけなければならず、アルバイトもままなら
ない。結局2人が退学することになってしまったという。

　「はぐくみの杜君津のスタッフも支えてくれましたが、たっ
たひとりで授業を受けつづける孤独は、想像するだけで胸が痛

みます。社会的養護の子どもたちには、施設を出たあとに多く
の支援が必要なことをあらためて痛感しました」と竹内はいう。

　「スタッフのがんばりもあり、子どもたちにとってはぐくみ
の杜君津は安心して暮らせる場所になっていると思います。そ
の点は心配なくみていられるんですが、一方でここ数年、退所
後の子どもたちをどうケアしていくかが大事だと思うようにな
りました。スタッフも関係を切らさないようにしてくれていま
すが、彼らにもはぐくみの杜君津での本来の業務がある。まだ
具体的にはなっていませんが、金銭的な支援だけでなく、精神
的なケアも含めて、アフターケア体制を整えたいと思っていま
す」

　巣立っていく子どもたちがこれからふえていくこともあり、
はばたき基金の充実も課題だ。はぐくみの杜とともに、どんな
ことができるか考えていきたいという。

　社会的養護下にある子どもたちは、国が把握しているだけで
全国で約4万5000人。その一方で、子どもへの虐待はあとを
絶たない。千葉県内でも2019年1月、野田市で小学校4年生
の女児が父親に虐待されて死亡する痛ましい事件があった。表
面化するのは事件になった一部で、潜在的にはさらに多くの子
どもたちが、「子どもらしく生きる権利」を奪われていると考
えられる。

　社会的養護は、日本では児童養護施設や乳児院といった施設
養護が中心だが、特定の大人と深い愛着関係を築くことが子ど
もの発達にとって重要で、心の安定にもつながるとされること
から、国は里親やファミリーホームなど家庭的養育を推進する
としている。近年は特別養子縁組にも力を入れている。実親の
同意を前提に家庭裁判所の決定により成立し、戸籍にも実子と
同じように記載される制度だ。風の村でも、特別養子縁組あっ
せん事業を手がけている。しかし、「現実として、乳児院や児

童養護施設がないと、生きていくことができない子がいる」と竹内はいう。「家庭であれ施設であれ、子どもが子どもらしく生きる権利を奪われずに、大事に育てられる社会になってほしい」。

　竹内らも日常的に子どもたちと接する機会はあまりないが、「卒業して施設を退所するときに、子どもたちがお礼に来てくれることがあるんです。支える会は、自分たちでは何も稼いでいない。会費と寄付によって成り立っている会。たくさんの人たちがうしろで自分たちを支えてくれていることを、子どもたちが感じてくれたらうれしい」

　竹内が子どもの権利を守り広げる運動に参加して、20年以上がたつ。2000年に「千葉県子ども人権条例を実現する会」（現・「こども人権ネットちば」）の設立に参加、市民や行政に子どもの人権について啓発や働きかけをつづけてきた。この過程で千葉県が2021年4月に作成した「子どもの権利ノート」も、竹内らの活動の成果の1つだ。

6 ｜ 誰にとっても働きやすい職場をつくる
──NPO法人ユニバーサル就労ネットワークちば

▎働きづらさを抱える人たち

　これまで、何度か説明なしに「ユニバーサル就労」という言葉を使ってきた。「ユニバーサル就労」とは、さまざまな事情で働きづらさ、生きづらさを抱える人たちが働けるしくみをつくり、同時に、どんな人にとっても働きやすく働きがいをもてる職場環境をつくっていこうという考えにもとづいた取り組みのことだ。

　「働きづらさ」の理由は、さまざまだ。精神障がいや身体障がい、知的障がい、そして発達障がいのように障がいが理由になることもあるが、病気、学校でのいじめ体験のトラウマ、職場でのパワーハラスメント、家庭環境の悪化、経済状況の悪化などが原因になることもある。障がいがあるかないかは関係ない。

　NPO法人ユニバーサル就労ネットワークちば（UWN）は、こうしたさまざまな理由で働きづらさを抱える人たちの就労を支援することを目的に活動する団体である。

　「私たちのユニバーサル就労の取り組みは、（2015年4月に）国の生活困窮者自立支援制度が開始されるずっと以前からはじまっていました」。そう語るのはUWN副理事長の平田智子である。

　平田は、生活クラブの組合員から風の村の職員になった経歴をもつ。風の村では企画部に所属して新規事業を担当していた。

　「風の村では、新しい地域に施設を建てる場合、何年も前からワークショップをしたりして、地域の人たちと連携するやり方を取ってきました。市川市に施設をつくることになったときも、事前に自治会など地域の人たちと話し合いをもった。もともと市川市はホームレス支援やひきこもり支援の団体があったり、知的障がい者の親の会の活動も活発だったりする地域なので、防災拠点になってほしいという要望の次に、こうした人たちを働く仲間として受け入れてほしいという声があったんです」

　ところが当事者や関係者を交えてワークショップをやってみると、ひと口に「働きづらさを抱える人たち」といっても実に多様で、ニーズもさまざまだということがわかった。そこで、「障がい者就労というのもちがうし、話しあっていくなかで『ユニバーサル就労』という言葉が生まれた」（平田）のだという。

　前述のように働きづらさは、障がいの有無だけでははかれない。障害者手帳をもっていれば公的支援を受けられるが、認定を受けられないレベルの人で働きづらさを抱える人は少なくない。障がいがなくても、学校でのいじめ、職場・仕事におけるストレス、家庭環境の悪化や経済状況の悪化といったことがきっかけでひきこもり状態になったり、あるいはうつ病になったりして、働きたくても働けない状態になることもある。発達障がいを抱えていながら、本人も周囲もそれに気づかないまま、職場で疎外され退職を繰り返したのち、ひきこもってしまうこともある。このように理由がさまざまだから、UWNでは「働きづらさ」を幅広くとらえ、対象者を限定することはしない、という。平田がつづける。

　「表面的ではなく、本人のほんとうの働きづらさをいっしょ

に探さないといけない。離職や転職が
つづいたのはなぜか、人間関係がうま
くいかないのはなぜか、どのような特
性をもっているかなど、私たちは、働
きづらさの理由をその本人と時間をか
けて徹底的に分析し、考えます。そう
やって自己理解を深めてもらう。その
ためにはオープンに話をする雰囲気を
つくっていくことも必要です」

NPO 法人ユニバーサル就労
ネットワークちば副理事長・
平田智子

　本人が望めば、職場体験をしてもら
い、もしうまくいかなかったら、その理由をあらためて本人と
話し合って、場合によっては適性検査を勧めてみたりもする。
その結果その理由が障がいによるものだとわかれば、障害者手
帳の取得を勧めることもあるという。手帳を取得したほうが選
択肢が広がることもあるからだ。

　ただし、結論を急ぐことはけっしてしない。半年がかり、場
合によっては１年がかりで、本人が納得するように探っていく
のだという。「とてもたいへんですし難しいけれど、それが大
事だと思う」（平田）。

ユニバーサル就労を本業のなかに組み込む

　ただ、働きたいという思いはもっていても、みながみなフル
タイムで働けるレベルにあるわけではない。

　そこで、雇用だけではない働き方、「雇用未満」という考え
に基づいて、「ステップアップ（ダウン）式の就労ステージの構築」
と、「業務分解」という手法を取り入れた。

　ステップアップ（ダウン）式の就労ステージには、大きく分
けて「非雇用型」と「雇用型」の２つのステージがあり、非雇

用型で働く人は「コミューター」と呼ばれる。コミューターには無償と有償があり、無償コミューターは働く準備という位置づけで、交通費のみが支給される。有償コミューターは働くことに慣れ、少しずつ仕事のスキルを高める段階だ。少ないながら報酬が出る。いずれも就労時間は原則週20時間未満としている。

　ここを通過すれば、雇用型へとステップアップしていくことになる。雇用型には、UW雇用ⅠとUW雇用Ⅱがあって、UW雇用Ⅱでは最低賃金が保障され、UW雇用Ⅰになると本格就労ということになる。ただ、就労ステージを分けただけで解決する話ではない。

　「では（働きに）来てください、となったときに、何をやってもらうか、何ができるか。考えたのが『業務分解』。誰でもできるような単純な仕事をあえてつくってやってもらうのではなくて、現場で実際にやっている業務を分解していくと、専門職のやっている業務のなかにも、専門性がなくてもできることが必ずある」と平田。

図　業務分解シートの例（小規模多機能型居宅介護）

　たとえば介護の仕事であれば、一日の業務の流れのなかで、お茶をいれたり、シーツを交換したり、ふとんを干したり、居室のゴミを集めて分別したりと、資格がなくてもできる業務がある。そうした業務を切り出していって、それぞれの業務を『人と接する仕事』『力を使う仕事』『軽作業』『PC の入力』……と、色分けし書き出していく。

　「たとえばひきこもっている若い人のなかには、人と接するのは苦手でも PC 作業は得意だという人がいるので、その作業だけをやってもらって帰るとか、人と接するのが苦にならないなら、入居者とお茶を飲みながら話し相手になってもらうとか、その人が得意なこと、できることからやってもらおうという考えです」

　それが出発点となった。2005 〜 2007 年のことだ。その後、1 年間かけて、風の村や虹の街で実際におこなっている介護、倉庫、店舗、事務の 4 つの業務について業務分解シートをつくった。すると、「重い障がいの人でもできる仕事が、たくさんあることがわかった」という。

　企業が障がい者の法定雇用率を満たすために、本業とは別に軽作業など障害者雇用専門の会社をつくって雇用することはよくある。仕事は本業の会社から発注するかたちだ。ただ、それでは本業が不振になったときに雇用が継続できなくなることもありうる。

　しかし、「本業のなかに組み込んでいくとそうはならない。できる仕事をまかせることで、彼らがその職場に必要な存在になっていくんです」と、平田は説明する。どの職場のどのような職種でも、かならずそんな業務がある。それをまかせることでできた時間を、職員が別の（専門性が必要な）業務に回すことができる。

　「虹の街の配送職員がやっていた、トラック荷台の片付けを

ユニバーサルの人（働きづらさを抱える人）にまかせることで、そのための数十分を、組合員対応など別の仕事にあてることができます。やりたかったけれど、なかなかできないでいた仕事がどこの職場にも必ずあるので、職員のスキルアップにもつながるし、本業の質を上げるためにユニバーサルの人ががんばっているということになる。彼らが戦力になっていくわけです」

▌　誰にでも起こりうること

　UWN では、ユニバーサル就労支援を柱にしながら、行政からの受託事業として、ひきこもりの当事者や家族からの相談事業もおこなっている。2021 年 3 月現在、千葉市から「ひきこもり地域支援センター」「子ども若者総合相談センター」、浦安市から「ひきこもり相談事業」を受託している。独自事業としての「ユニバーサル就労支援センターちば」とやはり千葉市から受託している生活困窮者自立支援事業の自立相談支援事業と就労準備支援事業を含め、対応にあたるのは平田のほか、21名の相談員だ。

　ひきこもりにかんしては、毎月 150 件前後の相談を受け付けているという。もちろん同じ人に継続して対応していくので、相談者は次第にふえていく傾向にある。それでも、平田たちが対応できているのは社会のなかにいるひきこもりの人の、ほんの一部だろうという思いがある。「たまたまつながった人は対応することができるけれど、私たちが知らないところにも、おおぜいひきこもりや働きづらさを抱えている人はいる。そもそもここまでたどり着けない人が多い」と平田。

　生活困窮者自立支援法（2015 年施行）ができて、ひきこもり支援にも公的な費用があてられるようになった。しかしどんなに制度をつくってもはざまができてしまう。「心が弱い人だけ

がひきこもるかというと、そうではない。ひきこもりは誰にでも起こりうること。けっして他人事ではありません」と平田はいう。

「（ひきこもりは）いったん社会から自分を守り、生き方を再考している状態。自分を見つめなおす大切な時間であり、その時間を尊重することで、元気になれる」。だから本人の気持ちが動くまで、寄り添い、根気よく待つのだという。

ただ、最近気になっていることが2つあると平田はいう。1つは高齢化するひきこもり問題。ひきこもっている当人が50代で、その親が80代という「8050問題」が話題になってしばらくたつが、ひきこもり当人が60代で、その兄弟姉妹からの相談がままあるのだという。いわば「6060」だ。

「60代になるまで何十年もひきこもった人は、そもそも最初の小さなステップを見つけることが難しい。ケースによっては生活保護につなげて、ボランティア的でもいいから役割のある居場所を見つけることができればいいのですが」

もう1つは10代後半から20代前半で、どこにも所属先のない若者たちのこと。「さまざまな理由で高校に進学できなかったり、中退したりした若者が、若いうちに相談につながるすべがない。本人も親も相談につながる力がないと、そのまま社会のなかで居場所が見つけられず年を取ってしまいます。相談につながるすべをもたない若者をどうしたらつなぐことができるか、悩ましい試行錯誤がつづいています」。

広がるユニバーサル就労

ユニバーサル就労支援は、国内に少しずつ広がってきている。「生活困窮者自立支援法」に基づく支援制度の設計段階で、厚生労働省から風の村に視察があり、就労訓練事業や就労準備支

援事業の手法のひとつとして、UWN が構築してきた手法が取り入れられたという。「働くのに準備が必要だという考え方で就労準備支援事業が位置づけられましたし、就労訓練というのはまさにうちでやっているコミューター。非雇用型も含めて訓練しましょうという考え」。

それ以後、全国の地方自治体でもユニバーサル就労に積極的に取り組むところが出てきた。

静岡県富士市議会は 2017 年に、「富士市ユニバーサル就労推進条例」を可決した。同市の「ユニバーサル就労を拡げる親の会」が、1 万 9000 人の署名を集めて市に要望、市議会にもユニバーサル就労推進議員連盟が結成され、千葉での取り組みも視察、議員提案によって全会一致で可決されたものだ。その後ユニバーサル就労支援センターもオープン。「業務分解シートなど基本的なツールは使っていただいています。協力企業も何十社あるとか、市全体に広がっているようです。UWN のマスコットが市役所で使われたりしているので、うれしいやら、うらやましいやらです」(平田)。

2011 年 3 月の東北地方太平洋沖地震にともなう大津波によって大きな被害を受けた自治体のひとつ、岩手県陸前高田市からもユニバーサル支援に取り組みたいと声が掛かって、UWN がコンサルティング、2019 年に同市に「ユニバーサル就労支援センター」が設立された。同市では「ノーマライゼーションという言葉のいらないまちづくり」をすすめている。「働きづらさを抱えているすべての人」に対し、社会との関係性を回復し、その人なりの働き方を実現することを支援するのがセンターの目的だという。

ワークショップのなかで生まれた「ユニバーサル就労」という言葉も、いまや一般名詞化しつつある。ユニバーサル就労について全国から問い合わせがあり、講演依頼も多いというが、

陸前高田市ユニバーサル就労支援センターのホームページ

「地元千葉でもっと認知度を上げて、ユニバーサル就労支援セ
ンターちばの活動を安定させたいが、なかなかそこまでたどり
着いていない」と歯がゆい思いも抱えている。

　「生活クラブ生協の価値観や地域に向けた活動は、私のバッ
クボーン。千葉グループは同じ理念をもち方向性を共有できる
心強い仲間と思っています」と平田がいうとおり、ユニバーサ
ル就労は生活クラブ千葉グループあげての取り組みだ。風の村
が70人、虹の街が20人のユニバーサル就労を受け入れており、
せっけんの街や、コミュニティケア街ねっとが運営するカフェ
でも障がい者が働いている。そのほか、関連するワーカーズ・
コレクティブで受け入れているところもある。しかし、「ユニ
バーサル就労の運動を社会化するためには、外からの声と連携
も大切」と平田はいう。企業は主要な就労先でもあり、活動を

広げていくためにもその意見を取り入れていくことが必要だと考えている。

　実際のところ、一般企業が、週に1日だけ、あるいは1日1〜2時間だけ、その人にできること、得意なことをやるところからはじめるという、ユニバーサル就労の考えを受け入れるのはなかなかむずかしい。たとえば週に20時間働かないと、障がい者の法定雇用率に算入されないという制度の問題もある。平田もかつてワークショップのなかで、企業は株主の利益に反することはむずかしいといわれたことがあるという。

　しかし、SDGsへの取り組みが求められる時代には、企業も変わらざるをえないだろう。効率優先、利益至上主義こそが、働きづらさ、生きづらさをつくりだしているのではないか。

　「労働人口が減っていくなかでは、100の能力でなくても、みんなが力を出し合っていくことが求められる。ユニバーサル就労は会社が存続するためにも必要なことだと、考え方が変わっていかないと」（平田）

　ユニバーサル就労は、その職場が誰にとっても働きやすく居心地のいい場所になることでもある。いまは100の働き方をしていても、病気やけがや、家庭の事情や、さまざまな要因で、フルには働けなくなることがありうる。そうなったら切り捨てるのではなく、その人にできる範囲で働ける場を用意していく。つまり「ステップダウン」だ。そこから再びステージアップしてもいい。

　「誰にとっても働きやすいユニバーサルな職場をつくる。そして働きがいのある職場環境をみんなでつくる。それこそが重要なこと」。平田の思いはゆるぎない。

7│NPO 活動を支える 中間支援 NPO

──認定 NPO 法人ちば市民活動・市民事業サポートクラブ

ボランティア元年

　1990 年代は、いろいろな意味で日本社会に大きな変化が訪れた 10 年だった。まず、1980 年代末にピークを迎えたバブル景気が破綻、経済はその後長い低迷期に入った。東京証券取引所の日経平均株価は 1989 年末をピークに下がりはじめ、数年で最高値の半分以下になってしまった。大都市圏を中心に急騰していた地価も、バブル前だった 1980 年代はじめの水準以下になった。1990 年代後半になると金融機関の破綻が相次ぎ、長引く不況は「失われた 10 年」といわれ、さらにそれが「失われた 20 年」になり「暗黒の 30 年」になった。この時期は「就職氷河期」でもあり、学校を卒業しても正社員になれずに非正規雇用に就かざるをえない若者があふれた。彼らはいま「ロスジェネ（ロストジェネレーション）」と呼ばれている。

　日本が少子高齢化社会の入口に立ったのも 1990 年代だ。1990 年に合計特殊出生率が 1.57 に落ち込む「1.57 ショック」。1994 年には、65 歳以上の人口比率が高齢社会の基準となる 14％を超え、さらに「生産年齢人口」とされる 15 〜 64 歳人口が減りはじめた。これは働く人が減りはじめることを意味する。

　政治の世界では、1993 年に非自民・非共産の 7 政党が連立

を組み、日本新党の細川護熙氏が総理大臣に就いたことで、与党自由民主党対野党社会党という、第二次世界大戦後の日本を支配してきた「55年体制」の構造が崩れた（翌年には、自民党・社会党・新党さきがけの連立政権になった）。衆議院は、それまでの中選挙区制から小選挙区比例代表並立制に変わった。

　1995年1月17日未明、近畿地方を襲った直下型地震（兵庫県南部地震）は、神戸市を中心に大きな被害を出した。のちに阪神・淡路大震災と命名されたこの震災では、関東大震災以来最多となる6434人の死者（このほか行方不明者3人）を出し、70万棟近い建物が倒壊・損壊した。

　神戸市から西宮市にかけての大都市直下で発生した断層型地震だったため、多くの人が倒壊した建物に閉じ込められ、また火災も発生し延焼した。こうしたなか震災直後から人びとが続々と救援活動のために被災地に入り、支援物資の運搬・分配や、がれきの撤去などに従事した。阪神・淡路大震災では、のべ130万人以上の人がこうしたボランティア活動に参加したと推定されている。その後災害のたびに数多くのボランティアが活動するようになった、そのきっかけとなる災害だった。こうしたことから1995年は「ボランティア元年」とも呼ばれる。こうした災害ボランティアのほとんどは、行政主導でもなく、親戚や友人のために動いたのでもなく、政治団体や宗教団体が集めたのでもなかった。現地の状況に胸を痛め、少しでも役に立ちたい、何かしなければという思いで自発的に現地に入り、活動したのだ。

▌組合員による市民活動を支援する

　阪神・淡路大震災の災害ボランティア活動がきっかけになって生まれたのが、特定非営利活動促進法（NPO法）である。市

民による非営利活動を法的に位置づけようという動きは、震災以前からはじまっていた。1994年に「シーズ・市民活動を支える制度をつくる会」が結成され、非営利活動をおこなう市民団体の法人格を求めて、ロビーイング（政党・政治家への働きかけ）をはじめた。1995年の阪神・淡路大震災で震災ボランティアに大きな注目が集まると、法案化への動きが加速する。1998年3月、議員立法によりNPO法は成立にこぎ着けた。寄付金に対する税制優遇などもなくまだ不十分なものではあったが、市民からの提案によって成立した意義は大きい。

　それまで、非営利活動（公益活動）をおこなう法人格としては社団法人や財団法人があったが、設立のハードルは高かった。それでやむをえず、任意団体として活動するところが多かったのである。特定非営利活動法人（NPO法人）の法人格をもつことによって、法人名での銀行口座開設も可能になり、自治体などとも契約しやすくなる。

　法律の施行（1998年12月）翌年の1999年に認証されたNPO法人は全国で23に過ぎなかったが、その後順調にふえていった。2020年現在、5万以上のNPO法人が登録されている。

　NPO法が成立すると生活クラブ千葉は「市民スクール」を設立、さまざまな講座を開くなど、NPO法人設立の支援をすすめる。翌1999年には「NPOクラブ設立準備会」をスタートさせるとともに、市民活動支援基金（2002年から「一歩くん基金」）を開設した。さらに2000年に「ちば市民活動・市民事業サポートクラブ（NPOクラブ）」を設立して、市民活動支援基金をNPOクラブに移管、NPOクラブは翌年2月にNPO法人の認証を受けた。

　「NPOクラブは、最初からNPOの設立や運営を支援する『中間支援NPO』として設立されました。市民スクールでは、組合員向けに田んぼの学校、森林の学校、畑の学校、パソコン講

座、ヘルパー2級養成講座など、1999
年度は28講座、2000年度は72講座
を実施、その参加者のなかから講座ご
とにグループができていった。2000
年にはNPOのスタートアップ（立ち上
げ）助成として、9団体に140万円を
助成しています」

NPO法人ちば市民活動・
市民事業サポートクラブ代表
理事・牧野昌子

　NPOクラブの代表理事を務める牧
野昌子が説明する。牧野は当時生活ク
ラブ千葉の副理事長として、市民ス
クールを担当していた。「市民スクー
ルは、一般の人と組合員が学びあう場という位置づけでした。
もちろん、NPO設立・運営の下支えをするようなしくみが必
要だという認識は当時からありました」。

　参議院議員としてNPO法の成立に尽力した堂本暁子が、
2001年に千葉県知事に当選すると、県はNPO活動を後押しす
る「県民活動推進計画」を制定する。その過程では、県下の
NPOが意見を出しあった。NPOクラブも「県民活動推進懇談会」
に委員を送ってきた。

　「それ以前は民間団体が行政の事業に関わるときには、下請
けという立場でしかなかったものが、そのころから協働やパー
トナーシップという、対等な立場でやっていこうという考え方
が広まってきた」と牧野は振り返る。

　とくに2000年に介護保険制度がはじまると、講座の受講者
数もぐっと伸びた。一方、1980年代から設立が相次いでいた
ワーカーズ・コレクティブのなかにも、NPO法人格を取得す
るところがでてきた。生活クラブ組合員がはじめたワーカーズ・
コレクティブにもNPO法人を取得したところは少なくない。

地域づくりや福島からの避難者支援

　NPOクラブの設立当初から10年間ほどのあいだは、NPO法人の設立相談、運営・マネジメントに関わる相談が多かったため、県の委託事業でマネジメント講座事業を実施した。「これ(マネジメント講座)はいまでもつづいているんですが、ひとつのNPOだけで地域課題を解決することはなかなかむずかしい。ほかのNPOや自治会・町内会、社会福祉協議会などが連携して、課題解決にあたるプラットフォームをつくっていく必要があると、10年ぐらい前から地域づくりコーディネート事業に力を入れています」。

　地域づくりコーディネート事業では、四街道市の「みんなで地域づくりセンター」の運営や、富里市の「まちづくりコーディネーター育成業務」を受託している(2020年度)。それぞれ、センター施設の企画・運営や、地域づくり、まちづくりのコーディネーターの育成など、市民協働をすすめる事業をおこなう。

　千葉市花見川区にある多世代交流拠点「おおなみこなみ」は、閉店したスーパーマーケットの建物を改装して、独自にはじめた事業だ。最初から年代や目的を限定せず、多世代が交流できる拠点として企画したという。体操や英会話、料理教室、編み物などのほか、月1回の「みんなでランチ」、さまざまな講座やイベントへのスペース貸し出しなどを実施している。県内の福祉事業でつくっているさまざまな製品、日本ファイバーリサイクル連帯協議会(JFSA)のリサイクル衣料品、せっけんの街のせっけんなども販売している。「街の縁側」のひとつでもある。

　「おおなみこなみのあるところは昔は漁師町で、かつては商店街もにぎわっていたんですが、だんだんさびれてしまっていた。もういちどにぎわいを取り戻したいという(NPOクラブの)メンバーの思いがきっかけでした。NPOクラブとして、はじ

おおなみこなみでの講座の様子

めて具体的な拠点のある事業として取り組んだものです」（牧野）

　2011 年の東日本大震災にともなう原発事故で被災し、千葉県に避難している人たちの支援事業は、福島県から受託している。事故直後は千葉県内に 7000 人近くの避難者がいたそうだ。2021 年 3 月現在は 2000 人くらいに減っているというが、事故後 10 年を過ぎても「困りごとがある避難者からさまざまな相談があります」。そのため、担当者は専用の電話をつねに携行している。ほかにも孤立しがちな避難者向けに、情報紙「縁
j o y」を隔月で発行し、さまざまな情報を届けている。

▌　ちばの WA 地域づくり基金

　2000 年から生活クラブ千葉は NPO クラブ内に市民活動支援のための基金（「一歩くん基金」）をつくり、NPO 活動に助成してきた。この基金は 2008 年までに 67 団体 1713 万円に達した。原資は、生協の剰余金の一部をあてていたが、基金を社会化し

たい、つまり個人や企業からも寄付を集めたいと、「ちばの
WA 地域づくり基金」（ちばの WA）を立ち上げることになった。

　ちばの WA は、171 人＋ 25 団体から 300 万円の寄付を受け、
これを基本財産に一般財団法人として 2012 年に設立、2013 年
には税制優遇を受けられる公益財団法人の認定を受けた。牧野
はちばの WA の理事長も務めるが、理事・評議員には千葉グルー
プ以外の、企業、メディア、団体のメンバーが並ぶ。2019 年
度末までに 95 の市民事業に 2300 万円を助成している。

　「ちばの WA は、地域の課題を見えるようにし、市民が共有し、
当事者性をはぐくみ、さまざまな人や組織が連携してその地域
課題を解決するしくみにしていきたいということで設立された
もの」と牧野は説明する。

　助成はテーマ別になっていて、そのテーマに沿う活動を実施
する団体に支給される。寄付もそのテーマ別に受け付けている。
たとえば「子どもの今と未来を支える基金」は、貧困、虐待、
孤立といったさまざまな困難を抱える子どもたちの実態に向き
合い、解決に取り組む活動を支援するものだ。ほかに、「まつ
ど子育てささえあい基金」、児童養護施設から社会に巣立つ子
どもを支援する「さくら基金」、「2019 千葉県台風・豪雨災害
支援基金」などがある。

　「台風・豪雨災害支援基金は、2019 年 9 月から 10 月にかけ
ての台風・豪雨災害の直後に立ち上げました。短期間で全国か
ら 700 万円の寄付が集まり、現地で支援活動をする団体に助成
できました」。その後、目標の 1000 万円をほぼ達成した。

　「ちばの WA は小さな財団ですが、いま地域で困っている人
に必要な支援活動を届けるという、きめ細かな対応ができる」
と牧野。2020 年 4 月からは「新型コロナウイルス対策〜困難
を抱える子どもたちに心身の居場所を〜」をテーマに寄付を
募った。これは新型コロナウイルス感染症対策として、子ども

たちの居場所づくりや見守り、子ども食堂、配食、学習支援、心のケアなど、緊急支援活動を実施する団体が対象だ。

　新型コロナウイルス関連では、一般社団法人日本民間公益活動連携機構から総額 5000 万円の資金提供を受け、県下 6 団体に助成した。この制度は休眠預金等活用法にもとづき、休眠預金を原資に、社会課題の解決や民間公益活動の促進のために活用するもので、ちばの WA は、「資金分配団体」にあたる。生活支援サービスをおこなう柏市の「ワーカーズ・コレクティブういず」が、子ども食堂をどこでも開けるようにと、この助成でキッチンカーを購入している。

▍課題は運営資金と高齢化

　牧野と生活クラブの出会いは、自主保育グループに参加したことにさかのぼる。そのグループのリーダーが生活クラブの組合員だった。生活クラブ連合会の機関誌『生活と自治』にその自主保育グループが取り上げられたのが、生活クラブとの出会い。「かたまりのベーコンなんて見たことがなかった。そのあまりのおいしさに加入した」と笑う。その後すぐに支部委員になり、理事長を 1 期務めるなど、役員を 18 年続けたあと、NPO クラブの法人化にともないその代表理事に就任した。NPO 法の成立以来、県内外の NPO の状況をずっと見てきたことになる。

　NPO 法人の数は全国で 5 万以上と書いたが、実はその数は頭打ちである。新たに設立される一方で、同じくらいの NPO が解散していくからだ。初期に設立された NPO の多くは、運営資金の不足や役員・会員の高齢化といった壁に突き当たっている。行政からの委託事業も、入札や企画競争が原則で、確実な収入源にはなりにくい。

　NPO クラブでも、前述の事業のほか、相談事業、各種講座の開催や講師派遣、ニュースレター『つぎのいっぽくん』を年4回発行、メールマガジン『通信・一歩くん』を月2回配信、福祉作業所ものづくり応援プロジェクトなどなど、多岐にわたる事業を展開している。「四街道市みんなで地域づくりセンター」と「おおなみこなみ」には別にスタッフがいるが、これらの活動を、基本的には牧野を含む6人で回しているのだ。かなりの忙しさだろうと想像するばかりだが、基本的にスタッフは限られた手当しか得ていない。

　「日本では、NPO がきちんと生活ができる水準の雇用形態をつくりだすことはなかなかむずかしい。行政からの委託事業であっても、それだけでフルに雇えるという状況にはありません。

NPO クラブのニュースレター『つぎのいっぽくん』

自主事業をもっとやっていきたいと思っても、NPOクラブの
ような下支えの活動は外から見えにくく、なかなか寄付金は集
まらないのが現状です。そのための雇用や人材育成もなかなか
できない。資金調達はいつも悩みの種です」と実情を語る。一
方で「逆に小さなNPOが集まって、地域の課題を解決してい
くことが日本らしいのかな、全部が全部きちんと雇用契約のな
かで動くんじゃない姿がなじむのかなと思ったりもします」。
千葉グループのなかでのNPOクラブの位置づけについても、
「外からの風をグループ内に送り込む役割があるのでは」と牧
野は考えている。

　新型コロナ禍では、とくに事業型のNPO法人が影響を受け
た。ところが千葉県の中小企業再建支援基金は、対象が企業に
限られ、NPOは支援金を受け取れないことになっていた。そ
こでアンケート調査を実施、実態とニーズをまとめて県に要望
書を提出。議会でNPOや社会福祉法人も、支援金を受け取れ
ることになった。

　NPOクラブの事業では、NPOマネジメント講座などをオン
ラインで実施するようにしたところ、これまで参加できなかっ
た人や団体が参加するようになったという。「自分たち自身も
県外の集まりに参加しやすくなりました」。オンラインの活用
は、これからも伸びていきそうだ。

8 ｜ 地域社会に貢献する 「雇われない働き方」を 支援
——NPO法人ワーカーズコレクティブ千葉県連合会

労働者協同組合法の成立

「ワーカーズ・コレクティブ」をご存じだろうか？　ワーカーズ・コーポラティブ（ワーカーズ・コープ）ともいう。日本語にすると「労働者協同組合」。労働組合（ワーカーズ・ユニオン）とはちがう。働く人自らが出資し、働き、経営する法人組織だ。

あえて株式会社になぞらえれば、労働者自らが株主でもあり経営者でもある。そして出資の額によらず、等しく議決権をもつのも特長だ。

そのワーカーズ・コレクティブを、法的に位置づけた「労働者協同組合法」が2020年12月に国会で成立した。あまり前例のない、与野党議員の共同提案による議員立法であり、しかも衆参両院で全会一致での可決・成立だった（公布後2年以内に施行）。欧米には、ワーカーズ・コレクティブやワーカーズ・コープが制度化されている国が多い。主要7か国（G7）のなかでは日本にだけ、これまで法律がなかった。

「ほとんどの人は、雇われるだけが働くことだと思っている。そうではない働き方が法的に認められたのが大きい」と、法律成立の意義を語るのは、ワーカーズコレクティブ千葉県連合会（以下「連合会」）理事長の熊澤聡子だ。連合会には、県下の16団体が正会員として加盟する（ほかに賛助会員が10団体、2021年

3月現在)。加盟団体が手がける事業としては、レストランや弁当・惣菜販売、施設の給食などの食分野がもっとも多い。ほかにリサイクルショップ、居場所事業や生活支援サービスなどの福祉分野、葬祭サポート、虹の街から配送やデポー業務を受託しているワーカーズ・コレクティブがある。福祉と食、リサイクルと食、居場所事業と環境など、複合的な業務をおこなっているところもある。いずれの団体も、生活クラブの組合員または元組合員が中心になって結成されたものだ。

　しかし、それらの団体は、ワーカーズ・コレクティブと名乗っているものの「労働者協同組合法人」ではない。根拠となる法律がなかったため、自治体と契約したり融資を受けたりするなど、業務を進めるうえで法人格が必要な場合、やむをえず比較的ワーカーズ・コレクティブに近い法人形態の、企業組合や非営利活動法人（NPO）のようなかたちで運営してきたのである。

　連合会会員は生活クラブ関係団体に限定されているわけではないが、事実上そうなっているのには理由がある。ワーカーズ・コレクティブが注目されたのは、1980年のこと。国際協同組合同盟（ICA）モスクワ大会に向けて、協同組合運動家であり教育学者であったカナダのアレクサンダー・F・レイドロウ博士がとりまとめた「西暦2000年の協同組合」（通称：レイドロウ報告）のなかで、協同組合が優先的にめざすべき分野として、次の4つが掲げられた。

　1　世界の飢えを満たす協同組合
　2　労働者生産協同組合
　3　反浪費社会のための消費協同組合
　4　多様な協同組合による協同組合地域社会の建設

　ワーカーズ・コレクティブは、このレイドロウ報告にある4

つの優先分野のうち、2番目の労働者
生産協同組合に相当する。以後生活ク
ラブは組織として、組合員によるワー
カーズ・コレクティブの設立を積極的
に推進してきた。

NPO法人ワーカーズ・コレク
ティブ千葉県連合会理事長・
熊澤聡子

　1982年に、生活クラブ・神奈川の「す
すき野デポー」の運営をになう「ワー
カーズ・コレクティブ・にんじん」が
結成されたのが、そのはじめとなった。
1984年には東京で、10ものワーカー
ズ・コレクティブが一気に起ちあがっ
た。

　千葉県では同じ1984年に、デポー真砂（美浜区）の運営業務
を受け負う「かい」が設立され、1987年には11団体が集まっ
て、連合会の前身であるワーカーズ・コレクティブ連絡会が結
成されている。数がふえてきたことから、相互交流や情報交換
を図ろうというのが当初の目的だったという。

　1993年には、第1回ワーカーズ・コレクティブ全国会議が
開催され、1995年には全国組織としてワーカーズ・コレクティ
ブネットワークジャパン（WNJ）が結成された。

　千葉県ワーカーズ・コレクティブ連絡会は1992年に連合会
に名称を変更。このときは任意団体だったが、1999年11月に
はせっけんの街とともに、特定非営利活動（NPO）法人となった。
この間、WNJに加盟、ガイドブックの発行や広報活動、学習
会の実施など、活動の幅を広げていった。

▍必要な仕事も制度も自分たちでつくる

　なぜ、1980年代にワーカーズ・コレクティブが一気に花開

いたのか。

　当時、「勤労婦人福祉法」（1972年）という法律があったが、母性保護に重きを置いたもので、実際には企業における女性の仕事は補助的なものにとどまり、一部の企業・職場を除いては、女性は結婚（または出産）後に退職するのがあたりまえだった。いったん退職すれば、主婦として家庭に入り、企業戦士の夫を支え、子育てをになう。働きに出たいと思っても、パートやアルバイトしか選択肢はなかった。1985年にようやく「雇用の分野における男女の均等な機会及び待遇の確保等に関する法律（男女雇用機会均等法）」ができるが、実態はあまり変わらなかった。夫に支給される配偶者手当や、所得税の配偶者特別控除制度、社会保険の扶養条件にも縛られ、年間収入を低く抑える働き方を選択せざるをえない女性がその後も多かった。

　1980年代はちょうど、生活クラブの初期を支えた組合員たちが、子育ても一段落し、社会参加を考えはじめた時期でもある。ところが、再就職しようにも働く場は限られた。班活動や支部活動などを通じて、さまざまなスキルを身につけていても、それが評価され、生きがいを感じられるような仕事はなかなかなかった。

　「女性がもう一度社会に出て働こうとしても、やりたい仕事は見つからない。それなら自分たちでお金を出し合ってはじめようと、私たちも私たちもと（ワーカーズ・コレクティブを）つくっていった」（熊澤）

　自分たちにとって必要な食材・消費材が世の中になければ、生産者とともにつくってきたのが生活クラブの組合員たち。働く場、必要な仕事、あるいは必要なサービスが地域になければ、自分たちでつくってしまおうと考えるのはごく自然なことだった。ワーカーズ・コレクティブは、それを実現する手段であり、同時にあこがれの仕事にもなったのである。

　1999年に連合会が実施したアンケートによると、ワーカーズ・コレクティブで働く女性の平均年齢は47.5歳、中心は30代後半から40代が中心だったという。当時は女性の結婚年齢もいまより低かったので、ちょうど子どもの手が離れ、時間に余裕ができた年代がワーカーズ・コレクティブに働く場を求めたことが、この結果からもわかる。

　生活クラブでは、ワーカーズ・コレクティブへの取り組み当初から、適合する法人格が日本に存在しないことから、その法制化を求める必要があるという認識をもっていた。さきほど紹介した第1回ワーカーズ・コレクティブ全国会議のテーマの1つが「ワーカーズ・コレクティブの法制化」。以来、生活クラブ、WNJはワーカーズ・コレクティブとは別の流れをもつ日本労働者協同組合（ワーカーズコープ）連合会とも連携して、労働者協同組合法の実現を国会に働きかけてきた。2020年12月の同法成立は20年以上にわたる、粘り強い運動の成果なのである。

　「自分たちの働き方を既存のものに合わせるのでなく、基準を自分たちでつくるんだという気概で取り組んできた。そこにパワーを感じます」と熊澤はいう。

┃　ワーカーズ・コレクティブの可能性

　ワーカーズ・コレクティブは非営利であり、民主的管理（議決権は出資額によらず1人1票）、自発的で開かれていること、経済的参加、自治と自立、といった協同組合を規定する原則は、ワーカーズ・コレクティブにも生かされている。なかでも「協同組合間協同」や「コミュニティへの関与」の原則は、今後のワーカーズ・コレクティブのあり方を考えていくうえで重要だ。すでに、高齢者支援や子育て支援、障がい者・ひきこもりの人の居場所・就労支援などに取り組むワーカーズ・コレクティブ

がある。組合員に消費材を届ける配送ワーカーズも、地域の高齢者や障がい者の見守りに取り組みはじめている。こうした視点をもったワーカーズ・コレクティブは、地域のさまざまな課題解決に重要な役割を果たしていけるだろう。その意味で「もうひとつの働き方」は、社会を変えていく可能性を秘めている。

　ワーカーズ・コレクティブには、新しい働き方となることも期待されている。

　「ワーカーズ・コレクティブは、小さな知恵とお金の集団。大きな知恵とお金のある人は、その知恵とお金で会社を立ち上げればいいけれど、なくても知恵とお金を出し合うことでできることがある」と、熊澤。誰かに雇われるのではなく、自分たちで仕事をつくる。それも、「社会や地域にとって必要なのに存在しない仕事」を。

　連合会はワーカーズ・コレクティブの「中間支援組織」、つまり立ち上げや運営を支援したり、会員であるワーカーズ・コレクティブ同士の連携をはかったりする組織。横のつながりを通じて、さらなる事業拡大をめざす核となるほか、WNJや他都道府県のワーカーズ・コレクティブ連合会とも連携し、行政や政治への働きかけもする。

　「起業講座」は、虹の街の組合員を中心にした参加者に、ワーカーズ・コレクティブとは何かからはじまり、どのような事業を始めるか、仲間づくりや起業・運営のノウハウや実務に至るまで、ワークショップを組み合わせながら伝えていく。また虹の街と講座やワークショップを共催することもある。新型コロナ禍では対面での開催が難しくなり、オンラインで「Zoom deワークショップ」を開催した。

　連合会の活動資金の半分強は、会員団体からの会費収入。そして残りのほとんどは、共同購入の手数料である。レストランや施設の食事づくり、給食、弁当惣菜などを手がける「食のワー

千葉グループ新年交流会で提供された料理の数々と担当したワーカーズメンバー（2020 年 1 月）

カーズ」は、連合会を通じて、生活クラブと生産者が共同で設立した販売会社、生活クラブ・スピリッツから食材・調味料などを仕入れる。それを「配送ワーカーズ」が届ける。その手数料が、連合会に入るしくみになっている。

　「ひとつひとつのワーカーズは小さくても、連携すればまとまった仕事もできる」。たとえば例年 1 月に開催される千葉グループ新年交流会では、加盟する「食のワーカーズ」が分担して 30 種類以上のパーティー料理を提供してきた。ただし残念ながら、2021 年はコロナ禍の影響で交流会が中止になってしまった。

　熊澤自身はずっと生活クラブの組合員だが、積極的に活動に関わってきたわけではない。実家が寺だったことから葬祭関係のコーディネーターの仕事をしていたころ、北東京生活クラブの東京ワーカーズ葬祭サポートセンターを訪ね、参加したのが、ワーカーズとの出会いだという。その後、2009 年に松戸センターの配送を受託するワーカーズ・コレクティブみらい（企業組合）の設立にかかわり、連合会の会員にもなった。さらに、

熊澤もメンバーであるワーカーズ・コレクティブみらい。虹の街の配送事業をになう

　2015年には虹の街組合員のための葬祭サポート事業、ワーカーズ・コレクティブ葬祭さぽーと千葉を立ち上げた。熊澤自身が「ワーカーズにどっぷりと浸かるようになった」と笑うように、これまで3つのワーカーズ・コレクティブを経験し、現在も配送や葬祭サポートの仕事をこなしながら、連合会の理事長を務めている。暮らしのなかで「こういう仕事があったらいいな」という思いは、実は熊澤自身が経験してきたものでもある。

　しかし、新型コロナ禍は、弱小経営体である、傘下のワーカーズにも深い影を落とした。とくに食のワーカーズには、その影響が大きかった。営業縮小、客の激減で、売上は大きく落ち込んだ。2020年春の最初の緊急事態宣言発出の際には、連合会の繰越金から各団体に支援金を支給、さらに虹の街からの支援金も分配したが、小規模なワーカーズでは厳しい経営状況が続いた。連合会としても新型コロナウイルス対応が、この間の重要な仕事になった。

　ただ、風の村からの支援金は、分配しなかった。「これは基金として、新しい取り組みに使いたい」（熊澤）と考えたからだ。

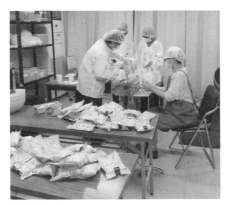

ワーカーズ・コレクティブ紙ふうせんは、レストラン・配達弁当・リサイクルショップ・就労継続支援 B 型事業（写真の作業）など多様な事業を展開する

　ワーカーズ・コレクティブの起業や運転支援に使える基金づくりは連合会にとってかねてからの念願だが、まだ実現できていなかった。

　労働者協同組合法ができたことで、今後はそちらに移行する事業所も出てくるだろうと、熊澤は考えている。「移行期間を有効に使って、不具合があれば見直しを提言していきたい」という。

　「ほとんどの人は雇われるだけが仕事をすることだと思っている。そうではない働き方が世の中にあることを知ってほしい。（ワーカーズ・コレクティブを）実践してきた者のひとりとして、この法律をきっかけにもうひとつの働き方・仕事が広がっていってほしい」と熊澤。「何もないところから自分たちでつくりあげることができるのが、ワーカーズ・コレクティブ。一歩踏み出す勇気をもてば、それまで知らなかった世界を知ることができる。そこが安心できる自分の居場所にもなる。そのために連合会の役割である中間支援を目に見えるかたちでつづけていけたら」。力強くそう語った。

参考資料
「社会のなかの生活クラブ史」研究プロジェクト編『ワー
キング・ペーパー「社会の中の生活クラブ」史論』2013
年

9 | 「誰もがその人らしく 生きていける地域づくり」 を世界に
——NPO 法人地球市民交流基金 EARTHIAN

▌ 湾岸戦争をきっかけに

　手賀沼からもさほど遠くない柏市松葉町。生活クラブ千葉（虹の街）の店舗・デポー松葉町の２階に、輸入衣類や手工芸品、日用品や嗜好品を販売する「アーシアンショップ柏」がある。ここで取り扱っている品々は、ほとんどが第三世界と呼ばれるアジア、アフリカ、ラテンアメリカの発展途上国の製品。その多くは「フェアトレード」品だ。

　第三世界からは、砂糖、チョコレートの原料となるカカオ、コーヒー豆、バナナ、養殖エビ、綿花など、農産物を中心にさまざまな産品が先進国に運ばれているが、それらは、先進国の大資本や、大資本と結びついた地元企業が経営するプランテーションで栽培されたり、農民から買い取られる原料品。農民たちはプランテーションで安い賃金で働いたり、生産品を安く買いたたかれたりして、貧困から抜け出すことができない。こうした貧しさが犯罪や紛争も生む。

　第三世界の生産者が自立できるように、その生産品に正当な対価を払い、公正な取引（貿易）をしようというのが、フェアトレードの考え方だ。フェアトレードで扱われるものは、人だけでなく環境にも配慮した、持続可能な方法で生み出されるものであることがふつうである。欧米では、フェアトレード品を

扱う店がそこかしこにあり、スーパーマーケットにフェアトレード品コーナーがあったりもする。

　アーシアンショップ柏は、1994年にオープンした。

　「アーシアンショップ柏では、アジアの文化紹介を兼ねて、タイやインド、インドネシア、フィリピンなどからの手づくり衣類や手工芸品を扱ってきました。基本は、手づくりで一点もの（現地の人が一点一点手づくりでつくりあげた製品）です」

　そう説明するのは、アーシアンショップ柏を運営する、「NPO法人地球市民交流基金 EARTHIAN」（アーシアン）代表理事の森田和子である。ネパールの羊毛100％のソックスやスリッパ、パレスチナのろう学校を卒業した女性たちがつくるキーホルダーやクラッチバッグ、バングラデシュの伝統的な技術を生かしたジュート麻のバッグ、シリアの紛争被災者たちがつくる刺繍を使ったくるみボタン……。貧困や紛争のなかで苦しむ人たちの手づくり製品だ。アーシアンショップ柏のほか、デポーや

各国の産品が並ぶアーシアンショップ柏の店内

センターでの販売会、生活クラブ千葉のカタログでも購入できる。

NPO法人地球市民交流基金 EARTHIAN 代表理事・森田和子

　アーシアンは、生活クラブ千葉グループ9団体のなかで唯一、活動の対象が国外にある。つくられたきっかけは、1991年の湾岸戦争。前年にイラク軍が国境を越えてクウェートに侵攻して全土を占領、アメリカを中心とする多国籍軍がこれに対抗して1991年1月から3月にかけてイラクを攻撃した。

　このとき、被災した市民に対して、生活クラブ千葉が組合員たちに呼びかけて約300万円の支援金を集めた。ところがその支援金をどこにどのように渡したらいいのか、なかなかわからなかった。探しだして渡したはいいものの、今度はどのように支援金が使われ、その後どうなったかを知ることもできなかった。

　「たんなる寄付ではなく、直接的で継続的な支援ができないかと問題意識をもった組合員たちが集まって、準備活動がはじまった」（森田）。当時のメンバーには、ちば市民活動・市民事業サポートクラブ代表理事の牧野昌子やはぐくみの杜を支える会理事長の竹内悦子らもいた。

▌ パキスタンのスラムにある学校を支援

　設立準備会が結成され、1993年にアーシアンが設立された（当時は任意団体）。だがそのころ、紛争や貧困、飢餓の問題の背景にある南と北の関係のありようを変えていくことが重要だという認識はあったものの、具体的な活動にたどり着くまでには少

し時間を要する。当初は、途上国を支援する活動をしている団体を訪問したり、1980年代からフィリピン・ネグロス島のバナナを生産者から直接仕入れて輸入するなど、フェアトレードを手がけてきたオルター・トレード・ジャパン（ATJ）や、南北問題について発信するアジア太平洋資料センター（PARC）から人を招いて学習会や講演会を開くなどをしていたという。そうした模索のなかで、次第に新しい国際交流のかたちを見出していく。それは、自分たち自身の手によって、「顔の見える支援と交流」をつくりだしていくことだった。

　同じころ、柏市のリサイクルショップのオーナーが、店を訪れていた在日パキスタン人と仲よくなり、パキスタンを訪れたところ、そこで見たのが物乞いをする子どもたちの姿。何かできないかと模索するうち、在日パキスタン人の協力で、パキスタン南部の都市カラチにある初等中等学校「アル・カイールアカデミー」と、その設立者ムハマッド・ムザヒル校長を知った。ムザヒル校長は、「子どもたちへの教育が住民の生活改善にとって重要」という考えに基づいて、1987年にカラチ市内のスラム地区で子どもたちの教育支援をはじめていたのだった。

　こうして1995年に、古着や毛布、バッグを日本で回収して現地に送り、その販売収益をアル・カイールアカデミーの運営費にあてることを目的に、日本ファイバーリサイクル連帯協議会（JFSA）とファイバーリサイクルネットワークちばが設立された。この年6月にはムザヒル校長が来日、アーシアンとアル・カイールアカデミーとの交流がはじまった。以来、JFSAとアーシアンはずっと協力関係にある。生活クラブ千葉（虹の街）も古着の回収活動に協力。JFSAの理事や監事には、千葉グループのメンバーも加わっている。

　スラムでは子どもたちも、家計を支えるためにさまざまな仕事に就かなければならないため、親も子どもを学校に通わせる

アル・カイールアカデミー職業訓練所縫製科で学ぶ女生徒たち

　ことには消極的だという。ムザヒル氏が親たちを説得し、アル・カイールアカデミーに通う子どもたちは少しずつふえていたが、働きながら学ぶ子どもたちが多いこともあって、授業は午前と午後の2部制でおこなわれている。それでも高学年（10歳）になると、学校をやめていく子があとを絶たない。そこでムザヒル氏は、2001年にアカデミーに併設して職業訓練所をオープンした。手に職をつけることができると、親たちを納得させやすいからだ。アーシアンはこの職業訓練所の建設資金を援助、以来運営費を支援し続けている。
　「当初は男子向けの電気科と女子向けの縫製科があったのですが、電気科は教師が定着してくれないなどの理由で現在はやっていません。縫製科では、洋服を1着つくれるような技術が身につくので、女性が工場で働くこともできるし、あるいは結婚しても内職ができる。さらに、学校に通い続けることで視野が広がったり、別のことを学ぶきっかけになったりします」。職業訓練所の意義について、森田はこう語る。
　パキスタンでは、女性は10代の前半に結婚することも多い

という。学校に通うことは少しでも長く、外の世界とつながり
つづけられることを意味するのだ。

　「小学校を卒業したら結婚する、それもすごく年配の人と、
なんていまの日本じゃ考えられない。せめて学校に通うことで、
楽しい子どもらしい時間を、少しでも長くもてたら、という気
持ちもあります。卒業生が、訓練所で学んでいるときはほんと
うに楽しかったといってくれたと聞いたときはうれしかったで
すね」

　職業訓練所を卒業したあと、アル・カイールアカデミーが運
営するカレッジ、あるいは大学に進学する生徒も少ないながら
いる。そうすればさらに道が開ける。なかにはアル・カイール
アカデミーの教師として戻ってくる女生徒もいるそうだ。

　「卒業生から、いまこんなところで働いているという報告も
あります。縫製とは関係のない職業に就いている子もいますが、
それも小学校でやめなかったからそこまで行けたということ」

　アル・カイールアカデミーには、職業訓練所とは別に縫製工
房がある。ここでは、近くにある手織り工房で織り上げた生地
を使って製品を仕立てている。スラム地区全体の生活向上をめ
ざそうというコラボレーションだ。

　工房では、アーシアンが送った型紙をもとに、手織り布のエ
プロンやパジャマなどをつくっている。パジャマは現地で試作
し、日本で使用感や品質をたしかめながら、2年かけて完成さ
せた。せっかく手織り布を使っているので、寝るときだけ着る
のではもったいないと、「外でも着られるパジャマ」と名づけた。
ゆったりとしたデザインだが、南アジアの人たちの日常着のよ
うにも見え、たしかに外着としてもおかしくはない。2020年
夏から、アーシアンショップ柏の店頭に並んでいる。

　「パキスタンと日本とでは品質に対する考え方がちがう。日
本で求められるていねいさはなかなか理解してもらえないとこ

パキスタンでつくられた「外でも着られるパジャマ」

虹の街のイベントに出展して活動をピーアール

ろもありますが、お互い納得できる関係を築くことはそう簡単ではないと思うので、これからも細く長く支援していきたい。縫製工房がお給料がちゃんともらえて、安心して働ける場所になるよう、こちらもきちんと発注してがんばって売りましょうと」

　縫製にかんして、現地でのやりとりを担当するのはJFSAのスタッフだ。細かい要望もJFSAのスタッフを通じて伝えてもらっている。

▊　知ったら支援しないではいられない

　「生活クラブには、生産者と消費者どちらも大切にしていこうという考えがずっとあって、それはフェアトレードの精神と重なっていると思います」（森田）

　森田が生活クラブに加入したのは、第１子がお腹にいるころ。

太巻き寿司の講習会に参加したのがきっかけという。その後、「子どもをおんぶしながら5年ほど支部活動をやりました」。あるとき、デポーでアーシアンの扱うアジアの手工芸品に出会った。そのときまでアーシアンの活動について詳しくは知らなかったが、もともと手仕事が好き。つくっている人たちのことを知りたくなった。

「知ったら、とてもつらい思いをしたけど、知ってよかった」と森田はいう。「知っても目を開かない人もたくさんいるけれど、私は目や耳をふさぎたくない」。

以来、アーシアンでの活動歴は12年になるが、実は森田はまだパキスタン現地を訪れたことがない。2020年に訪問する計画だったのだが、新型コロナウイルス感染症の流行で中止せざるをえなくなった。「毎年6月にはムザヒル校長に来日してもらい、支援金を直接お渡ししていたのですが、それもできなくなりました」。アル・カイールアカデミーも休校になった。ムザヒル校長と息子さんも新型コロナウイルスに感染したと現地から情報が入った。幸い軽症だと聞いて胸をなで下ろした。

アーシアンの活動を通じて、さまざまな人たち、グループに出会えることも魅力だと森田はいう。その人たちが扱っている現地の人たちの品を、生活クラブのカタログで紹介することもある。「アーシアンだけでは大きな活動はできないけれど、いろんな人が声を掛けてくれて、前に進むことができる。それがほんとうにありがたい」と、森田は力を込めた。

地域づくりの担い手の集まりである千葉グループに、アーシアンがある意義は？　というぶしつけな質問に、森田は少し間を置いてから、こう述べた。

「たしかにアーシアンの活動は、千葉グループのなかでは特異な活動ですが、千葉グループのなかでこういう活動もできていると、再確認できる面はあると思います。私たちからすれば、

ほかの団体のみなさんがきちんと地域のことをやってくれているから、安心して地域外の活動ができるし、逆に外からの視点を伝えられたらとも思います。自分たちの活動にとっても、千葉グループの活動の広がりのためにも、同じグループでやっている意義があるのでは。それに『誰もがその人らしく暮らしていける地域づくり』という千葉グループの理念は、世界のどこであっても通じるものだと思います」

　社会に課題や問題は星の数ほどある。知ればひとつひとつ心を痛めることばかりだけれど、そのすべてに関わっていくことは一個人にはとうていできない。グループで連帯することは、その痛みの分かちあいでもあるといえようか。そして、成果の喜びも。

終　章

SDGs を超えて

1│生活クラブ千葉グループのめざすもの

資本主義経済体制の限界

　巨利を求め、資源を収奪し、自然と人間から搾取してきた資本主義経済の限界がいよいよあらわになっている。

　公共の機能を縮小し、国家による規制を緩和して市場にまかせようという市場原理主義とグローバリズムを特徴とする新自由主義（ネオリベラリズム）は、その究極といえる。注目されだしたのは、1980年前後。イギリスのサッチャー政権やアメリカのレーガン政権が経済政策として採用すると、「サッチャーリズム」「レーガノミクス」と呼ばれ、たちまち先進国を中心に世界を席巻した。新自由主義政策下では、国有・公共企業の民営化、福祉サービスの縮小、労働者保護の撤廃などがすすめられた。こうした政策は、たしかに2度の石油ショック後の停滞感を払拭し経済を活性化したようにみえた。しかし、その「強者の論理」は人びとのつつましい営みを吹き飛ばし、地域を疲弊させ、所得格差を広げ、弱者を切り捨て、自然を蹂躙し、地球環境を打ちのめしてきた。同じ時期、金融市場のグローバル化も大きく進展した。国際的な金融資本が利益を求めて、各国の市場に巨額の投資資金を投入し、ときには吹き飛ばしさえした。まさに「金が金を生む」マネー資本主義の世界が展開された。

　このかん日本でも中曽根政権の「民活（民間活力の導入）」に
はじまり、公共部門の民営化、労働規制の開放がすすめられた
結果、非正規雇用がふえ、所得格差が拡大、さらに生活困窮者
が増大した。地方の疲弊、社会矛盾、人間疎外と分断は強まっ
た。新自由主義経済下では、富裕層がさらに富裕になることで
経済が活性化し、貧しい人びとがその恩恵を受ける「トリクル
ダウン」が起きるはずだったが、ごく少数のスーパーリッチを
生んだだけで、貧しい人びとはさらに貧しくなった。

　2008年のリーマンショックで、新自由主義、グローバルマ
ネーの弊害をいやというほど思い知らされたはずだが、その是
正がおこなわれるどころかいっそう進展する。その影響を最も
ひどくこうむったのは、弱い立場にいる人びとだった。主要国
は、新自由主義の帰結として破綻するはずの大企業や金融機関
に、「大きすぎてつぶせない（トゥー・ビッグ・トゥー・フェイル）」
と公的資金を投入して救済したのだ。

　2020年春からの新型コロナウイルス感染症パンデミック下
でも、株式市場は落ち込むどころか加熱した一方で、大きなし
わ寄せを受けたのは社会的弱者である。休業・時短要請、外出
や移動の規制・自粛、外国人観光客の消滅で、商店・外食・旅
行・娯楽などの業種は売上が激減、大きな打撃を受けた。そう
した職場で働く非正規労働者は休退職を余儀なくされ、収入を
失ってしまった。2020年の自殺者数は全体でも増加したが、
とくに女性の自殺者数が急増したことで、女性の置かれた厳し
い状況が浮き彫りになった。

　一方この30年間に、気候変動をはじめとする地球環境問題
が国際社会の解決すべき大きなテーマとなった。平均気温の上
昇とそれにともなう気候異変の頻発を、私たちは日々目にして
いる。次世代やさらにその次の世代は、さらに大きな異変を経
験することになるだろう。世界各地で紛争や抑圧は絶えない。

社会にも地球にも課題が山積していることを、多くの人が認識していながら、いまのコースから降りることができない。

　国連がすすめ、世界中の国々が賛同する SDGs は、たしかに画期的な取り組みだ。世界的な大企業もこぞって SDGs を実践していることを標榜する。だが、その主要な原因となっている、成長や開発といった概念そのものを見なおそうという動きは、大企業の側からはなかなか出てこない。

　SDGs は、「持続可能な」という形容詞が付いているものの、あくまで「成長（開発）」を前提としている。しかし、資源にも環境にも限界が明らかになり、もはや成長を前提とした経済・社会は成り立たないのではないかと考える人もいる。

　たとえば、フランスの思想家セルジュ・ラトゥーシュは、「脱成長」を提唱している。ラトゥーシュのいう脱成長とは、「人間の消費を自然自身による再生産速度以下に抑えることによって、地球環境を回復させると同時に、人類の延命を行おうとする」考えだ。環境主義に立脚し、1970 〜 1980 年代のエコロジー思想とも通じている。脱成長運動は、フランスやイタリア、スペインなどの南ヨーロッパを中心に広がっているという。日本では広井良典京都大学教授が、経済成長を絶対的な目標としないで豊かさを実現する「定常型社会」を提案している。

　生活クラブ風の村理事長の池田徹も、「成長」に疑問を投げかけるひとりだ。

　「ベストセラーになった斎藤幸平さんの『人新世の資本論』（集英社新書）に、"SDGs は大衆のアヘンである"とあって、膝を打ちました。ディベロップメント自体を見なおさないとサステイナブルにならないのに、その矛盾したものがひとつの言葉になっている。そのとおりだと思ってね。（経済成長を求める）資本主義をこのまま続けていたら、持続可能はありえないことなんですよ」

　池田の批判は大企業にも向かう。「（経済成長率が低かった日本の）暗黒の30年に、企業は何百兆円も内部留保をふやしている。そのかん、労働者の実質的賃金を切り下げることによって企業は生き延びたばかりか、資本を蓄積してきたわけです。資本主義を温存したままの脱成長は、まさに暗黒の30年そのものといえる」

　人口は東京に一極集中し、地域を支える中小企業や商店もたち行かなくなった。同じ時期に日本の相対貧困率は上昇しつづけ、2016年には15.7％に達している。実に6人に1人が貧困状態なのだ。これはヨーロッパ各国の水準を大きく上回っており（フランスやドイツは8〜9%）、主要7か国（G7）のなかでもアメリカに次いで2番目に高い数字。国民1人あたりのGDPはふえるどころか下がってしまった。日本人はこの30年遊惰に過ごしたわけではない。必死に働いて、その結果貧しくなったのである。しわ寄せは、労働者が、国民が、地域社会が受けている。

▎千葉グループの次のステップ「社会的連帯経済」

　持続可能な脱成長経済を、どのように構想し、実践していくのか。そのカギになりそうなのが「社会的連帯経済」だ。

　2019年12月19日、「ちば社会的連帯経済研究所」のスタート集会が、千葉市内で開催された。集会では、活動計画と規約、役員が承認され、所長には池田徹、所長代理には生活クラブ虹の街理事長の福住洋美が就いた。千葉グループのシンクタンクと位置づけ、千葉市稲毛区の「生活クラブいなげビレッジ虹と風」にある認定NPO法人コミュニティケア街ねっと（街ねっと）に事務局を置く。

　社会的連帯経済とは聞き慣れない言葉だが、伊丹謙太郎千葉

大学特任教授（現・法政大学教授）は同集会の基調講演のなかで、
「『社会的経済』と『連帯経済』というそれぞれ起源を異にする
経済運動を結びつけることでより大きな力をつくりだそうとい
うのが社会的連帯経済の社会運動としての視座だ」と述べてい
る。

　社会的経済とは、生活協同組合や共済組合、信用組合など非
営利で、いわば構成員（組合員）同士の「たすけあい」「わかち
あい」を基本とする組織のことだ。一方、連帯経済とは、NPO
や社会的企業、社会的協同組合のように、新自由主義のなかで
置き去りにされたり、貧困に陥ったりした人びとや地域の課題
を解決する目的で、1980 年代以降に生まれてきた組織であり、
運動である。フェアトレードや、ノーベル平和賞受賞者ムハマ
ド・ユヌス氏が創設したバングラデシュのグラミン銀行に代表
されるマイクロクレジットも、このカテゴリーに含まれる。「よ
く生きるための経済」ともいわれる。

　これらの２つの経済が合体した社会的連帯経済とは、いって
みれば、本来互助組織である協同組合と社会運動が融合するよ
うなもので、まさに生活クラブや千葉グループがこれまで取り
組んできた活動だといえる。その社会的連帯経済が、いま世界
でうねりを起こしつつあるという。

　社会的連帯経済は、おもにラテン諸国でまず広がった。たと
えばイタリアでは 1991 年に「社会的連帯協同組合法」が制定
されている。栁澤勝敏明治大学教授によると、社会的連帯協同
組合とは、「市民の人間としての発達および社会参加についての、地域の普遍的な利益を追求することを目的」とした組織で
あり、社会的に排除された人びとの支援を中心とする協同組合
だという（「コロナ禍における社会的連帯経済の価値──SDGs の担い
手は協同組合、社会的企業」『季刊社会運動』No.441、2021 年）。

　スペイン、エクアドル、メキシコ、ポルトガルに次いで、

2014年にはフランスで「社会的連帯経済法」が成立した。『社会的連帯経済入門』（集広舎、2016年）の著者でスペイン・バレンシア在住の廣田裕之氏によれば、フランスの法では、社会的連帯経済の定義を、「利益共有以外の目的追求、民主的ガバナンス、利益の大半を組織の維持・発展に使用および義務的準備金の保持といった条件を満たす人たちによる経済活動」とし、この条件を満たし、利益の一定額以上を準備金に回す一般企業も社会的連帯経済の団体と認められるという。

　ちば社会的連帯経済研究所のスタート集会にリモートで参加した廣田氏は、さらに「市民社会のあり方としてオルタ・グローバリゼーションという考え方がありますが、この領域こそ社会的連帯経済の本丸です。グローバル化に対して、反グローバルというかたちで孤立するのではなく、エコロジカルで人間らしさを大切にする『別様の』グローバル化が可能ではないだろうか。個々に多様な運動が合流し、未来社会の構想を議論し、実験するのが運動としての社会的連帯経済の姿であるといってよいでしょう」（廣田裕之「社会的連帯経済ひろがりへの期待」『社会的連帯経済』Vol.1、2020年）と、国際的な連帯の重要性を強調している。

　そうした動きとして、いくつかの国際的なネットワークが生まれている。たとえば「グローバル社会的経済フォーラム（GSEF）」は、2013年に韓国ソウルで第1回が開催され、その後カナダ・モントリオール（2016年）、スペイン・ビルバオ（2018年）でも開催された。

　「変革型経済世界社会フォーラム（WSFTE）」は、「ダヴォス会議」で知られ世界中の政財界のエリートが集まる「世界経済フォーラム」に対抗する「世界社会フォーラム（WSF）」として、2001年にブラジル・ポルトアレグレではじまり、「もう1つの世界は可能だ」をスローガンに世界社会フォーラム憲章を採択

した。その後、インド・ムンバイやケニア・ナイロビ、大阪な
どでも開催され、2020 年には変革型経済に的を絞った WSFTE
が開催された（新型コロナウイルスパンデミックのためオンライン開
催）経緯がある。

　実は、世界経済フォーラムも深刻化する気候変動や新型コロ
ナウイルスパンデミックをふまえて、2021 年のテーマを「グ
レート・リセット」に設定している。大きくリセットしようと
いうのはほかでもない資本主義である。同フォーラムは、株主
資本主義から脱却し従業員、取引先、顧客、地域社会などあら
ゆるステークホルダーの利益に配慮して経営する「ステークホ
ルダー資本主義」へと転換すべきだとしている。

　世界経済をコントロールするグローバル資本や、グローバル
資本に支えられた先進国の政治家たちが、どこまで本気で「リ
セット」を考えているかはうかがい知れないが、ダヴォス会議
までがこのようなテーマを取り上げざるをえなくなったという
ことに、現代が抱える問題の深刻さを感じる。

▌グループの枠を超えて──つながる経済フォーラムちば

　世界的な社会的連帯経済の動きをふまえて、千葉グループで
は、協同組合や NPO などの非営利団体に、地域の中小企業や
商店を加えて、人と人、人と自然を大切にする事業活動をおこ
なう団体を「社会的連帯経済セクター」と呼ぶことにした（「つ
ながる経済フォーラムちば、ちば社会的連帯経済研究所は、生活クラブ
千葉グループにとってどういう意味があるのか」2021 年 2 月）。つまり、
この運動を千葉グループのなかだけでなく、地域へと広げてい
くことが重要だと考えているのだ。

　ちば社会的連帯経済研究所発足に先だつ 2019 年 7 月に開催
された「第 1 回つながる経済フォーラムちば」は、この考えに

　基づいて県内の幅広い団体に呼びかけたもので、生活困窮者・生活保護受給者の就労に取り組む警備会社、社員が就労時間の4割をボランティア活動に費やす不動産・建築管理会社などの経営者も世話人に名を連ねる。設立趣旨には次のようにある。

　「（前略）これからの経済活動は、貧困・格差を縮小し、人と人、人と自然のつながりを促す方向に大きく舵を切ることが必要です。『社会的連帯経済』の拡大が必要とされているのです。私たちは、これを『つながる経済』と呼んで、そのネットワークを広げていくことをめざします。

　私たちは『つながる経済（社会的連帯経済）』を非営利団体のみならず、営利企業も含めて、『営利を目的とせず、人と人、人と自然を大切にする事業活動』と位置づけ、その活動を広げていきたいと思います」

　池田はいう。「千葉県では企業の98％は中小企業。世界的に見ても地域経済を支え、地域のにぎわいをつくっているのは中小企業や商店街だと思う。中小企業が地域づくりに参画していくかどうかがとても重要だと思うので、つながる経済フォーラム構成員は非営利団体ならびに中小企業であると位置づけました」。

　2020年10月にオンライン開催された「第2回つながる経済フォーラムちば」では、世話人でもある社会福祉法人福祉楽団理事長の飯田大輔氏、株式会社諏訪商店代表取締役諏訪寿一氏、千葉市経済農政局経済部産業支援課長の小花信雄氏の3人が講演した。福祉楽団（本部：千葉市美浜区）は千葉県と埼玉県で特別養護老人ホームを3か所、デイサービス事業、就労支援事業などを展開するほか、傘下の企業「株式会社恋する豚研究所」で、障がい者や働きづらさを抱える人の就労の場として豚肉の加工・販売に取り組む。諏訪商店（本社：市原市）は千葉県内を中心に、小売店「房の駅」を展開する。創業は観光土産物の製造

卸業だったが、諏訪寿一氏の代に小売業や外食業に進出した。魚介類、農産物など「千葉の食」にこだわり、取り扱う商品は、ほとんどが千葉県産だ。経営者の高齢化などで事業継続が難しくなった取引先の食品加工メーカーを買収し、農場も経営する。

　つながる経済フォーラムちばについて、風の村副理事長の木村庸子はこういう。「(つながる経済フォーラムちばでは)いままで出会うことがなかった方々と出会えた。企業が社会貢献といっても、うがって見てしまうところがありましたが、けっしてそうではありませんでした。協同組合としての地域貢献と、営利をめざす株式会社の社会貢献のやり方、見せ方はちがう。地域に根ざした企業は、地域の方々の雇用や生活を守っていく責任がある。そのなかで営利を追求していくんですね。そこは今回すごく勉強になりました」。

　虹の街理事長の福住洋美もつながる経済フォーラムちばに期待する。「まずは地域社会の多様なステークホルダーが集まって発信してもらう。次のステップとして、地域ごとに集まり、自分の地域で何ができるか、生活クラブ流にいうなら自分の住む地域でFEC自給圏づくりができないか考えるような、地域単位のフォーラムを開催してもいいかもしれません。そうすることで地域住民にも(つながる経済の考えが)広がっていく。そもそも経済は生活に密着するので身近なものです。『誰かがやっていること』から『自分もかかわること』になっていくといいと思います」。地域課題に取り組んできたワーカーズ・コレクティブやワーカーズ・コープの事例を共有することも、参加や連携につながるのでないかという。

　営利非営利を問わず、協同組合や社会福祉法人、NPO法人、株式会社といった法人格がことなる組織が横断的につながりあうネットワークは、少なくとも日本ではほとんどみられなかった。同フォーラムでは、今後このつながりを精神的なものにと

どまらず、事業連携に発展させていくことを目標にしていると
いう。ここからどんな事業が生まれるのだろうか。

　そのなかでも、地域社会に目を凝らし耳を澄ませて課題を拾
い上げ、先駆けて数々のモデルをつくってきた千葉グループに
寄せられる期待は大きい。FEC 自給圏でいえば、すでに多様
な事業を展開している福祉（C）に加え、食（F）に関しては虹
の街が県産米をはじめ県内農産物の取り扱いを進めている。も
とより千葉県は全国有数の農業県であり、多くの漁港をもつ水
産県でもある。さらにエネルギー（E）では、太陽光のほか風
力や小水力などの自然エネルギー資源にも恵まれる。首都圏に
ありながら、FEC の自給が可能な県なのだ。千葉グループが
触媒となって、地域にどのような化学反応が起こるのか、これ
からが楽しみである。

第 1 回つながる経済フォーラムちばの鼎談に参加した、左から池田徹NPO法人村理事長、熊谷俊
人千葉市長（現・千葉県知事）、広浜泰久㈱ヒロハマ代表取締役会長

巻末資料

つながる経済フォーラムちば、社会的連帯経済研究所は、生活クラブ千葉グループにとってどういう意味があるのか

2021年2月
つながる経済フォーラムちば代表
ちば社会的連帯経済研究所代表
池田　徹

1　戦後の日本社会は、戦後復興、高度経済成長、バブル経済、バブル崩壊後の低成長（失われた30年）という時代の変遷をたどってきました。その間、高度成長時代には、大きな中間層が形成されましたが、バブル崩壊後、格差が拡大しています。（図1によると、90年代から当初所得のジニ係数は急激に上昇していますが、再分配所得のジニ係数は、1981年を底として、90年代に若干上昇し、以後現在までほぼ横ばいの状況です。この状況を世界主要国と比較すると、2018年時点、日本は16位、北欧や多くの西欧諸国は、日本よりも格差が少なく、旧東欧、アメリカ合衆国、中南米諸国の多くが日本よりも格差が大きくなっています。（GLOBAL NOTE HP より））

　また、同じ主要国の2018年の相対的貧困率を比較すると、日本は28位の15.7％、ヨーロッパ各国の水準を大きく上回っており、また、図2で分かるように、この30年以上、一貫して貧困率が高まっています。（2015年に子どもの貧困率は大きく低下しました。）

　1990年には、いわゆる「バブル」がはじけ、以後、世界の潮流に同調する形で、法人税減税、大規模小売店舗法廃止、労働者派遣法の度重なる改正等で、大企業の事業環境を改善し、

図1 日本の世帯ベースの所得格差の動向

□ 当初所得（再分配前）のジニ係数は1980年代以降、上昇傾向。
□ 再分配所得（再分配後）のジニ係数は1990年代にやや高まった後、2000年代以
降は概ね横ばい。

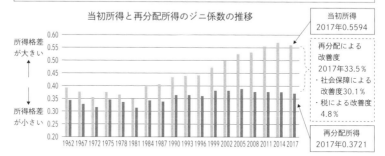

当初所得 　：雇用者所得、事業所得、財産所得、雑収入、私的給付（仕送り、企業年
金等）など

再分配所得：当初所得から税金、社会保険料を控除し、社会保障給付（現金、現物）
を加えたもの

（出所）厚生労働省「所得再分配調査」より筆者作成

※1999年以前の現物給付は医療のみであり、2002年以降については医療、介護、保育である。

図2 日本の相対的貧困率（厚労省の公式発表）

（出所）厚生労働省（2017）『平成28年国民生活基礎調査　結果の概況』

• 子どもの定義は18歳未満。
• 2006年から2009年にかけては、子どもの貧困率の伸びが大きかった。
• 2012年は、初めて、子どもの貧困率が相対的貧困率を上回った。
• 2015年は、子どもの貧困率が大きく低下。

逆に、労働者や中小事業者、商店街等の環境は悪化の一途をた
どりました。その結果が、この 30 年間、企業の内部留保は一
貫して増加する一方、労働者の実質賃金は低下を続け、商店街
はシャッター通りに変貌しました。いわゆる新自由主義が世界
を席巻し、貧困、格差がほぼ一様に拡大するとともに、企業活
動にともなう環境破壊が進行しました。2015 年には、国連サ
ミットで193ヶ国の全会一致で、2030 年における 17 項目のゴー
ル 169 のターゲットを定めた SDGs（持続可能な開発目標）が採
択されました。「だれ一人取り残さない」というキャッチコピー
が打ち出され、貧困、健康、福祉、環境、ジェンダー等、あら
ゆる分野にわたる公正、正義を追究することを宣言したもので
す。この動きは、90 年代以降、世界経済が新自由主義化して、
資本主義が横暴の限りを尽くした結果、人と人、人と自然の秩
序ある関係が崩壊の危機に瀕しているという認識が高まった結
果ということができましょう。

2　こうした現状を憂い、対案としての公正な経済活動をつく
ろうと考える人たちが、「社会的連帯経済」というコンセプト
の経済セクターの拡大をめざして、世界各国で活動を広げつつ
あります。その担い手に、協同組合や NPO 等の非営利団体（以
下、協同組合等）があげられます。大企業特に資本市場で資金調
達をおこなう上場企業にとって、企業活動の最大の目的は株主
への貢献だとされてきました。したがって、利潤の拡大が常に
求められてきました。しかし、SDGs の採択も大きな契機となっ
て、ESG 投資（Environment、Social、Governance を尊重している企業
に投資すること）が広がりつつあり、今後は、こうした視点を欠
いた企業活動は難しくなっていくかもしれません。
　いっぽう、協同組合等は、人や自然に働きかけて、より良い
暮らし、より良い環境をつくることが目的であり、利潤獲得は

その事業を継続するための手段です。また、営利企業に分類される中小企業や商店には、非営利団体同様、社会や地域への貢献を目的に事業を営んでいるところが少なくありません。それらは、新自由主義による各種規制緩和によって、むしろ事業環境を悪化させられました。

　私たちは、協同組合等に中小企業、商店を加えて、人と人、人と自然を大切にする事業を営む勢力を社会的連帯経済セクターと呼びます。

3　生活クラブは 1965 年に東京、世田谷で産声をあげました。その設立目的は、当時全日制市民と言われた専業主婦を中心とした女性の政治参画をめざすものでした。すでにいくつかの婦人組織が存在し、生活実感を基にした政治的主張をおこなっていましたが、それらは政党と直結したものが多く、生活クラブは、そうした組織と一線を画すものでした。政党の利害とは無関係に、女性の自立をめざす自主的組織づくりだったと言えましょう。やがて生活クラブはそれを生協という協同組合運動を通して実現しようと、生協法人化します。女性の自立という抽象的な課題を、日常的に使用する一つひとつの消費財（これを生活クラブは「消費材」と呼ぶことにしました）の開発をとおして、生産、環境、貧困、格差などの課題を公正化することをめざしました。消費財開発そのものが公正な社会づくりの主たる手段になり、合わせて、それに付随するさまざまな活動を展開してきたのです。

4　そして、生活クラブ千葉、現虹の街では、8 つのグループ団体が次々と誕生しました。その分野は、労働者協同組合、環境保全、NPO 等中間支援、国際 NGO、街づくり、社会的養護支援、ユニバーサル就労支援、福祉・介護と多彩です。そして

　それらは、虹の街の周辺で虹の街を超えて専門的に社会課題に挑戦する事業を展開しており、社会的連帯経済セクターそのものです。私たちは、虹の街を含めた9団体の事業を社会的連帯経済セクターとして位置づけることにしました。大企業、多国籍企業が、利潤の拡大、資本の拡大を目的に、人と自然の健全なあり方を壊してきた中で、地球は危機的な状況を迎えています。このままでは、数十年後には、後戻りができない臨界点に達してしまうでしょう。その流れをせき止め、人と自然を守る公正な事業のありかたをつくっていくために、非営利団体はもちろん、中小企業、商店も含めた広範なネットワーク、社会的連帯経済セクターを拡大していくことが求められており、生活クラブ千葉グループは、千葉県において、以下の活動を通じてその一翼を担いたいと思います。

5　ちば社会的連帯経済研究所は、生活クラブ千葉グループのシンクタンクです。

　この間実施してきた、研究誌の発行、学習会・講演会を継続します。また、千葉県における社会的連帯経済セクターの拡大をめざして設置された、つながる経済フォーラムちばの事務局として、役割を担います。

　社会的連帯経済セクターの拡大をめざす国際的ネットワークとして、世界社会的経済フォーラム（GSEF）、変革型経済社会世界フォーラムなどがあり、国内では、GSEFジャパン、社会的連帯経済を推進する会などがありますが、これらのネットワークとの連携も追求していきます。

　現在は、千葉グループ9団体の職員が兼任で数人の事務局員になっていますが、将来的には、専任の事務局員を配置することをめざします。

6　つながる経済フォーラムちばは、法人格を横断する、社会
的連帯経済の担い手が集まって、世話人団体を構成しています。
私たちは、人と人、人と自然を大切にする事業活動をおこなう
団体を、「つながる経済」の担い手と位置付けます。法人格は
多彩です。協同組合、株式会社（中小企業）、NPO、社会福祉法人。
これまで、こうした法人横断的なネットワークはほとんどな
かったのではないでしょうか。今後は、このつながりを、精神
的なつながりから、事業連携に発展させることを目標にします。
つながる経済の担い手どおしの事業の「つながり」を広げてい
きます。

　社会的連帯経済研究所がめざすネットワークとつながる経済
フォーラムちばがめざすそれは、多くが重なりますが、そうで
ないところもあるので、当面は、別個に活動します。

あとがき

　私の、生活クラブ生活協同組合（生活クラブ）との出会いは、1985年にさかのぼる。ある小さな出版社が企画した沖縄県石垣島白保地区へのツアーで、生活クラブ本部に勤めていた方とたまたま知り合いになった。当時白保地区沖合の、世界有数のサンゴ礁を埋め立てて、ジャンボジェット機が離発着できる「新石垣空港」を建設する計画がすすんでいて、地区住民がこぞって反対していた。結局、この空港建設計画は白紙撤回になるのだが、それは別の話。ともあれ、そのときはじめて生活クラブという組織の存在を知ったのだった。

　その後彼に誘われて学習会に参加したり、本文にも書いたように稼働しはじめたばかりの手賀沼せっけん工場を見学させていただいたりした。東京・保谷市（現西東京市）議会で生活者ネットワークの代理人を務めていたTさんとも、彼の紹介で知り合った。彼女は生活クラブ組合員らとともに故紙など有価物の回収運動に取り組み、惜敗したが市長選にも立候補した。1992年には、同市で日本初のリサイクル条例が成立している。

　その後も生活クラブの関係者（組合員・職員）とは、いろいろな機会に出会うことがあった。ただこのかん生活クラブのことを気に掛けてはいたのだが、それ以上の深いかかわりはもたずにきた。それが、『日本一要求の多い消費者たち』（ダイヤモンド社、2019年）を執筆するために、組合員、生産者、デポーなど、詳しく取材する機会を得た。生活クラブ風の村の池田徹理事長にもお話をうかがい、千葉における活動のひろがりには思わず驚嘆の声を上げた。

　取材をしてわかったのは、私の生活クラブに対する認識は、

まったく1990年代でとどまっていたことだ。組織も拡大し組合員数も増えて、事業内容も多角化、多様化していた。そしてあらためて感じたのは、生活クラブの組合員たちは、いったいなぜ、こうも熱心に活動するのだろうか、ということだ。1980年代、1990年代に知り合った組合員の方たちもやりそうだったとあらためて思い返す。好奇心にあふれ、勉強熱心で、一途だった。そして、コミュニケーションやマネジメントや専門知識・技術などにおいて、「プロ」といっていいほどのスキルや知識をもっている人が多かったのだ。

　生活クラブとは、いったいどういう組織なのか。どのようなシステムがあって、次つぎと人材を輩出することができるのか。思いをつないでいくことができるのか。活動もほとんどボランティアである。それなのに「なぜここまでやるのか」。

　今回の取材を進めるにあたって念頭にあったのも、まさにそれだった。しかし、人材育成にかんして体系化されたものがあるわけではなかった。それはどうやら連綿と続く伝統らしい。もちろんまだ納得したわけではない。ただ、腑に落ちたのは「街づくり」「仲間」という言葉が、多くの人の口から語られたことだ。生活クラブという組織は大きくなったが、その基本にあるものは地域であり、そこで暮らす人びと。まさに千葉グループの「誰もがその人らしく暮らしていける街づくり」というコンセプトが示すものである。自分たちにとって暮らしやすい街は、きっと誰にとっても暮らしやすい街だ、という思いをそこにみる。しかも閉鎖的で独りよがりになりがちな運動ではなく、生活クラブという組織の限界を理解しながら、外へとネットワークを広げていく柔軟さがある。

　私はそこに大きな希望を感じた。その好例が「つながる経済フォーラム千葉」だろう。千葉グループにはこれからも注目していきたいと思っている。

最後に千葉グループ各団体のみなさんに忙しいなか時間を
とっていただき、ていねいに取材に応じていただいたことにあ
らためてお礼申し上げます。また編集の労をとってくださった
中央法規出版の鈴木涼太氏にこの場を借りて感謝申し上げま
す。

2021 年 7 月

小澤祥司

著者について

小澤祥司
環境ジャーナリスト／科学ライター。
環境問題、生物多様性、自然エネルギー、持続可能な社会
などをテーマに執筆活動。農業やバイオマス資源の活用、
環境汚染、医療や健康にかんする執筆も。主著：『メダカ
が消える日　自然の再生をめざして』『エネルギーを選び
なおす』『うつも肥満も腸内細菌に訊け！』（以上、岩波書
店）、『日本一要求の多い消費者たち　非常識を常識に変え
続ける生活クラブのビジョン』（ダイヤモンド社）ほか。

生活クラブ千葉グループの挑戦
──生協がなぜここまでやるのか

2021年 8 月10日　発行

編集…………生活クラブ千葉グループ協議会
著者…………小澤祥司

発行者………荘村明彦
発行所………中央法規出版株式会社
　　　　　　〒110-0016　東京都台東区台東3-29-1 中央法規ビル
　　　　　　営業　　　　　TEL03-3834-5817　FAX03-3837-8037
　　　　　　取次・書店担当　TEL03-3834-5815　FAX03-3837-8035
　　　　　　https://www.chuohoki.co.jp/

印刷・製本　　　　株式会社アルキャスト
装幀・本文デザイン　加藤愛子（オフィスキントン）

ISBN 978-4-8058-8372-3
定価はカバーに表示してあります。
落丁本・乱丁本はお取り替えいたします。